Nützliche Reisetips von A - Z

TUNESIEN

1989
Hayit Verlag, Köln

CIP-Titelaufnahme der Deutschen Bibliothek
Schameitat, Klaus:
Tunesien / Klaus Schameitat. - 2. Aufl. - Köln : Hayit, 1989
  (Nützliche Reisetips von A - Z)
  ISBN 3-89210-161-2

2. Auflage 1989
ISBN 3-89210-161-2

© copyright 1989, Hayit Verlag GmbH, Köln
Autor: Klaus Schameitat
Druck: Fuldaer Verlagsanstalt, Fulda
Umschlag: Uwe Turek
Fotos: Achim Horn, Dieter Roth, Tunesisches Fremdenverkehrsamt/Frankfurt

Alle Rechte vorbehalten   All rights reserved
Printed in Germany

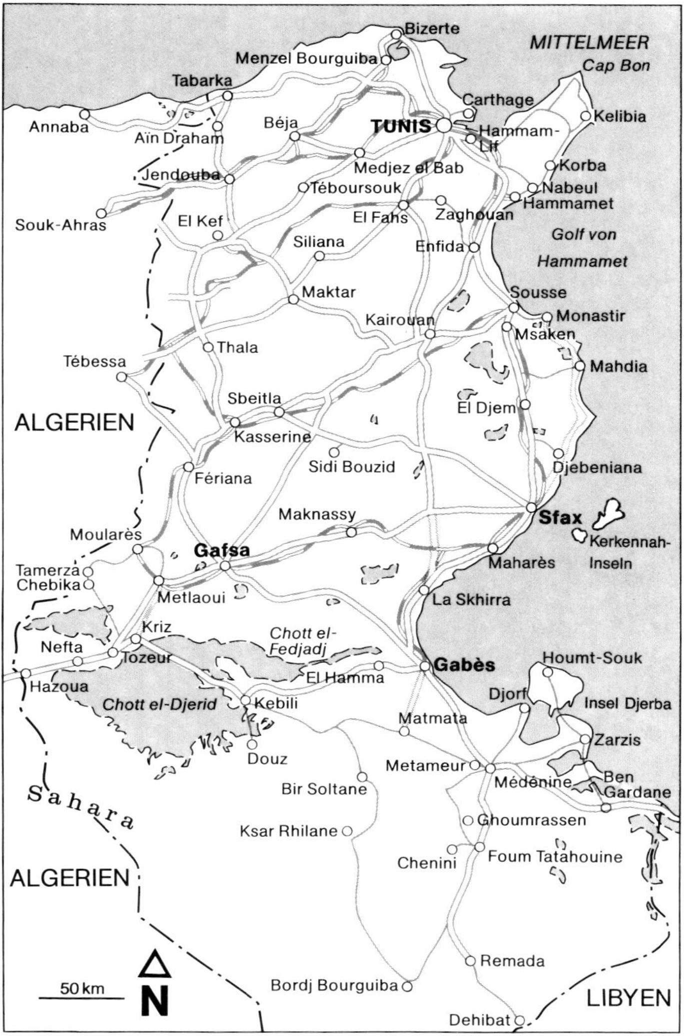
Bizerte
MITTELMEER
Menzel Bourguiba
Cap Bon
Tabarka
Carthage
Annaba
Aïn Draham
Béja
TUNIS
Hammam-Lif
Kelibia
Medjez el Bab
Korba
Jendouba
Téboursouk
Nabeul
Hammamet
Souk-Ahras
El Kef
El Fahs
Zaghouan
Golf von Hammamet
Siliana
Enfida
Maktar
Sousse
Kairouan
Monastir
Msaken
Thala
Tébessa
Mahdia
Sbeitla
El Djem
ALGERIEN
Kasserine
Sidi Bouzid
Djebeniana
Fériana
Maknassy
Sfax
Moularès
Gafsa
Kerkennah-Inseln
Maharès
Tamerza
Chebika
Metlaoui
La Skhirra
Kriz
Chott el-Fedjadj
Nefta
Tozeur
Gabès
Houmt-Souk
Hazoua
El Hamma
Djorf
Chott el-Djerid
Kebili
Insel Djerba
Matmata
Zarzis
Douz
Metameur
Médenine
Ben Gardane
Bir Soltane
Sahara
Ghoumrassen
Ksar Rhilane
Chenini
Foum Tatahouine
ALGERIEN
Remada
50 km
N
Bordj Bourguiba
LIBYEN
Dehibat

Was Sie beim Gebrauch dieses Buches wissen sollten

Bücher der Serie ,,Nützliche Reisetips von A-Z'' bieten Ihnen eine Vielzahl von handfesten Informationen. In alphabetischer Reihenfolge klar gegliedert finden Sie die wichtigsten Hinweise für Ihre Urlaubsreise. Querverweise erleichtern die Orientierung, so daß man die gewünschten Angaben findet, auch wenn das Stichwort nicht näher beschrieben wird. Beispiel: Unter dem Stichwort ,,Ferienwohnung'' wird auf ,,Unterkunft'' verwiesen, wo ausführlich über diese Feriendomizile informiert wird.
Auf thematisch verwandte Stichworte wird ebenfalls häufig verwiesen. Z. B. unter dem Stichwort ,,Medikamente'' sind folgende Verweise aufgeführt: ,,Ärztliche Versorgung'', ,,Reiseapotheke'', ,,Apotheke'', ,,Impfungen''.
Mit Reiseführern der Serie ,,Nützliche Reisetips von A-Z'' beginnt die umfassende Information bereits vor Antritt Ihrer Urlaubsreise. So erfahren Sie alles von Anreise über Dokumente und Kartenmaterial bis zu Zollbestimmungen. Das Reisen im Land wird erleichtert durch umfassende Darstellung der öffentlichen Verkehrsmittel, Autoverleihe sowie durch viele praktische Tips von der ärztlichen Versorgung bis zu den (deutschsprachigen) Zeitungen im Urlaubsland.
Die Städtebeschreibungen, die ebenfalls alphabetisch geordnet sind, enthalten die wichtigsten Fakten über die jeweilige Stadt, deren Geschichte sowie eine Beschreibung der Sehenswürdigkeiten. Zusätzlich enthalten die Städte-Kapitel eine Fülle an praktischen Tips - von Einkaufsmöglichkeiten, Restaurants, Unterkünften bis zu den wichtigsten Adressen vor Ort.
Man muß wissen, daß die Schreibweise der Ortsnamen in Tunesien oft nicht einheitlich ist. So kann es z. B. statt Ksar Rhilane auch Ksar Ghilane oder Ksar Guilene heißen; auch findet man z. B. neben den Bezeichnungen Djerba, El Djem oder Djorf auch Jerba, El Jem oder Jorf. In diesem Buch wurde grundsätzlich die Schreibweise ,,Dj'' gewählt. Orte, deren Namen Artikel wie ,,El'' oder ,,Le'' führen, wurden unter dem Anfangsbuchstaben des folgenden Hauptwortes aufgenommen, z. B. El Djem unter ,,D'' bzw. El Kef (auch Le Kef) unter ,,K''. Auch das Hintergrundwissen für die Reise kommt in dieser Serie nicht zu kurz. Wissenswertes über die Bevölkerung und ihre Kultur findet sich ebenso wie über die Geographie, die Geschichte, die aktuelle politische Lage und die wirtschaftliche Situation des Landes. Als besonderen Leserservice bieten die Bücher der Reihe ,,Nützliche Reisetips von A-Z'' Preisangaben in harter Währung, so daß Sie sich in Ländern mit hoher Inflationsrate eine bessere Übersicht verschaffen können.

Ortsverzeichnis

Bizerte	12
Bulla Regia	15
Dahar-Gebirge	16
El Djem	18
Djerba	20
Dougga	24
Douz	25
Gabès	33
Gafsa	36
Hammamet	48
Kairouan	50
Karthago	54
El Kef	56
Kerkennah-Inseln	57
Mahdia	68
Maktar	70
Matmata	71
Médénine	72
Monastir	73
Nabeul	75
Nefta	76
Sbeitla	86
Sfax	88
Sidi Bou Saïd	91
Sousse	92
Tabarka	102
Tamerza	103
Thuburbo Majus	104
Tozeur	106
Tunis	108
Karte Tunis	109
Utica	119
Zaghouan	124

Allgemeine praktische Informationen

Ärztliche Versorgung	6
Anreise	6
Apotheken	8
Ausrüstung	8
Automobilclubs	9
Autovermietung	9
Benzin	10
Bevölkerung	10
Bezirke	11
Botschaften	14
Camping	16
Diebstahl	18
Dokumente	23
Einkaufen	26
Ermäßigung	27
Essen und Trinken	28
Feiertage und Feste	30
FKK	31
Folklore	31
Fotografie	32
Geld	38
Geographie	40
Geschichte	42
Geschwindigkeitsbeschränkung	46
Handeln	49
Impfungen	49
Karten	53
Kinder	58
Kleidung	58
Klima	60
Konsulate	62
Krankenhäuser	62
Krankenscheine	62
Kriminalität	64
Kultur	65
Literatur	66
Maße und Gewichte	71
Notfall	77
Pflanzen	78
Politik	78
Polizei	79
Post	80
Reiseapotheke	80
Reisen im Land	81
Religion	83
Restaurants	84
Sahara	85
Sehenswürdigkeiten	87
Sitten und Gebräuche	92
Sport	95
Sprachführer	98
Strände	101
Stromspannung	102
Telefonieren	103
Theater	104
Tiere	104
Touristeninformation	105
Unterhaltung	117
Unterkunft	118
Verhalten	120
Verkehr	120
Versicherung	121
Wirtschaft	122
Zeit	124
Zeitungen	124
Zoll	125

Ärztliche Versorgung

Eine hinreichende ärztliche Versorgung ist praktisch nur in den wenigen größeren Städten und den Touristikregionen gewährleistet. Statistisch gesehen kommen auf einen Arzt etwa zwölfmal so viele Patienten wie in der BR Deutschland. Arztpraxen sind an Schildern wie ,,Docteur'' oder ,,Médecin'' zu erkennen. Da die meisten Ärzte in Frankreich studiert haben, ist eine Verständigung auf Französisch immer möglich, manchmal auch auf Englisch.
→*Apotheken, Krankenhäuser, Krankenscheine*

Anreise

Anreise/**Mit dem Auto**
Wer sich gründlich im Land umsehen will, sollte erwägen, den eigenen Wagen mitzunehmen. Die Anreise kann mittels verschiedener Fährverbindungen kürzer oder länger gehalten werden (leider alle sehr teuer). Wer z.B. von Köln abreist und von Marseille oder Genua übersetzt, erreicht nordafrikanischen Boden schon nach etwa 1300 Autokilometern. Wer viel Zeit hat, sollte wenigstens eine Strecke über Italien fahren. Das verursacht zwar hohe Benzinkosten (außer beim Diesel), bietet aber vielerlei Eindrücke von Italien. Die italienischen Autobahngebühren betragen derzeit für die Strecke von den Alpen bis Sizilien etwa 120-150 DM (einfache Strecke).

Anreise/**Mit der Bahn**
Wer ohne Auto anreist, sollte besser die günstigen Flugverbindungen nutzen. Für die Anreise mit der Bahn muß mit etwa 2 Tagen Fahrt gerechnet werden (von Köln oder Frankfurt). Einzige günstige Möglichkeit: Wer per Interrail-Ticket beliebige Strecken in Italien zurücklegen kann, sollte die Schiffspassage von Neapel oder Palermo erwägen.

Anreise/**Mit dem Flugzeug**

Pauschalflüge decken über drei Viertel aller Tunesienreisen ab. Als Landeflughäfen von Deutschland aus kommen Tunis-Carthage und ggf. Mellita/Djerba in Frage. Mit knapp 3 Stunden Flugzeit muß von Fankfurt aus gerechnet werden. Wer keine Pauschalreise bucht, zahlt für die Touristenklasse ab Frankfurt rund 650-700 DM (einfach). Charterflüge gibt es ab rund 500 DM. Wer sich nur wenige Tage im Lande umsehen will und ansonsten nicht mobil sein muß, kommt mit Flug + Leihwagen wahrscheinlich günstiger weg als mit Auto + Fähre!

Die tunesische Fluggesellschaft Tunis Air unterhält folgende Büros:

Graf-Adolf-Str. 100, 4000 Düsseldorf, Tel. 02 11/35 33 51; Am Hauptbahnhof 16, 6000 Frankfurt/M. Tel. 0 69/25 00 41; Karlsplatz 3, 8000 München, Tel. 0 89/55 70 85; Bahnhofsplatz 7, CH-8001 Zürich, Tel. 01/2 11 32 31; Schubertring 10-12, A-1010 Wien, Tel. 02 22/52 98 20.

Anreise/**Mit dem Schiff**

Es gibt regelmäßige Fährverbindungen nach Tunis ab Marseille, Genua, Neapel, Palermo, Trapani (Sizilien) und Cagliari (Sardinien). Besonders für Autoreisende ist eine frühzeitige Buchung notwendig, die über die Fa. Karl Geuther, Heinrichstr. 9, 6000 Frankfurt/M., Tel. 0 69/73 04 75, vorgenommen werden kann. Die Überfahrt dauert von Marseille oder Genua aus rund 24 Stunden, von Sizilien aus etwa 10 Stunden. Die einzelnen Strecken werden in der Regel einmal wöchentlich befahren. Die Tarife unterscheiden sich stark, sind aber allgemein sehr hoch: Eine Hin- und Rückfahrt für 2 Personen ab Palermo (ohne Kabine) mit Mittelklassewagen ist kaum unter 1000 DM zu haben! Wer in der Hauptsaison ab Marseille oder Genua fährt, zahlt noch wesentlich mehr, spart dafür aber die hohen italienischen Benzin- und Autobahnkosten.

Fährgesellschaften sind u.a.: CTN (Compagnie Tunisienne de Navigation) bedient die Strecke Marseille-Tunis bzw. Genua-Tunis. Die Tirrenia fährt die süditalienischen Häfen an. Daneben gibt es noch die SNCM (Société Nationale Corse-Méditeranée), die in Marseille anlegt.

Für Studenten, Schüler und Kinder werden teilweise beachtliche Nachlässe gewährt. Wer ohne Auto im Hafen von Tunis-La Goulette ankommt, hat gute Verbindungen in die Stadtmitte (Schnellbahn TGM, Autobus, Taxi).

Apotheken

Alle größeren Ortschaften besitzen eine Apotheke, die meist durch das Schild ,,Pharmacie'' gekennzeichnet ist. In Tunis gibt es auch einen Nachtdienst von 21 bis 7.30 Uhr. Neben tunesischen sind auch viele französische Medikamente verfügbar. Eine Mitnahme der wichtigsten Arzneimittel ist aber schon bei den Reisevorbereitungen einzukalkulieren.

→*Ärztliche Versorgung und Reiseapotheke*

Auskunft →*Touristeninformation*

Ausrüstung

Neben der üblichen Ausrüstung für einen Badeurlaub kommen für besondere Vorhaben noch einige weitere Gegenstände in Betracht: im Gelände, bei der Besichtigung von Ruinenstätten etc. vor allem festes Schuhwerk (man muß mit Schlangen rechnen!) und u.U. eine Kopfbedeckung. Als Autofahrer kommt man zunächst ohne weiteres Zubehör aus. Lediglich für Sahara-Fahrten sollten genügend Wasser- und Benzinkanister, Werkzeug und Ersatzteile mitgenommen werden. Sandbleche und eine Schaufel sind ebenfalls ratsam.

Ausweispapiere →*Dokumente*

Automobilclubs

Der National Automobile Club de Tunisie (N.A.C.T.) hat seinen Hauptsitz in Tunis, 28, Av. Habib Bourguiba und ist im Lande telefonisch erreichbar unter 01/24 11 76 und 01/24 39 21. Da es keinen fest eingerichteten Pannendienst gibt, spielt der Club eher eine Rolle als Beratungsstelle und ist behilflich bei Problemen (z.B. Dokumente, Unfälle, Ersatzteilbeschaffung). Für Tryptiks und Carnets, wie sie ggf. zur Weiterreise nach Libyen oder Algerien benötigt werden, wendet man sich am besten an den Touring Club de Tunisie, 15, Rue d'Allemagne, Tunis, Tel. 01/24 31 14.

Autovermietung

Es gibt eine ganze Reihe einheimischer und internationaler Verleiher (u.a. Avis, Europcar, InterRent, Hertz). Die meisten davon sind in Tunis in der Halle des Flughafens vertreten, ansonsten findet man sie in den Zentren der größeren Städte. Angeboten werden vor allem französische Klein- und Mittelklassewagen, aber auch Fiat und VW. Pro Tag muß man mit etwa 80 DM Leihgebühr rechnen, dazu kommen Kilometergeld und ggf. eine Zusatzversicherung. Manche Gesellschaften offerieren Wochentarife, die etwas günstiger sind. In jedem Falle ist der Internationale Führerschein nötig, und der Entleiher muß mindestens 21 Jahre alt sein. Bei der Wahl des geeigneten Verkehrsmittels ist zu überlegen, ob sich die relativ hohen Fixkosten eines Leihwagens lohnen, weil die öffentlichen Verkehrsmittel sehr niedrige Tarife haben. Andererseits ist Tunesien aber ein kleines Land (d.h. man hat nur wenig Kilometergeld beim Leihwagen zu zahlen), so daß sich der Gang zur Autovermietung doch lohnen kann, wenn man zu viert oder noch mehr Leuten reist. Man sollte vor Reiseantritt eine Kundenkarte bei einer internationalen Mietwagenfirma holen, da sonst in Tunesien eine sehr hohe Kaution zu entrichten ist.

Bahnverbindungen →*Reisen im Land*

Benzin

Tankstellen etlicher europäischer Marken befinden sich in ausreichender Zahl entlang der Durchgangsstraßen, an der Küste und im Norden jedoch häufiger als im Süden und Westen. Wer nur in Tunesien selbst bleibt und nicht gerade tief in die Sahara fährt, müßte mit einem 20-L-Reservekanister gut auskommen. Die Kraftstoffpreise lagen 1988 bei ca. 490 Millimes (=1 DM) für Super (97-99 Oktan), bei ca. 470 Millimes (=0,96 DM) für Normal (92 Oktan) sowie bei ca. 290 Millimes (=0,60 DM) für Diesel. Vergünstigungen für Touristen gibt es nicht. Zapfstellen für Autogas sind nicht bekannt. Wegen des geringen Autotourismus, der außerdem oft durch Dieselfahrzeuge getragen wird, dürfte ein hinreichendes Angebot an bleifreiem Benzin wohl eine ferne Utopie sein.

Berberdörfer → *Dahar-Gebirge; Matmata*

Bevölkerung

Tunesien ist ethnisch nicht einheitlich. Zwar gelten über 95 % der Einwohner als Araber oder arabisierte Berber - daneben Juden, Europäer, Schwarze und reinrassige Berber -, aber sie sind Nachkommen verschiedener Volksstämme, die im Laufe der Jahrhunderte auf dem heutigen Staatsgebiet lebten. Je weiter man nach Süden kommt, desto stärker überwiegt dunkle Hautfarbe. Über 6,9 Millionen Einwohner besiedeln, unregelmäßig verteilt, ein Territorium von 163.610 qkm (entspricht ca. 2/3 der Fläche der BR Deutschland). Rund die Hälfte der Staatsbürger lebt in den Städten des Landes und einigen *Gunsträumen*, während der riesige Süden fast menschenleer ist. Rein statistisch leben 44 Menschen auf einem Quadratkilometer (z.Vgl.: in der BR Deutschland 247). Bei einer jährlichen Zuwachsrate von 2,3 % nimmt die Bevölkerung rasch zu, und so ist der Anteil der Jugendlichen und Kinder

außerordentlich hoch. Ein durchschnittliches Wirtschaftswachstum als Lebensgrundlage bringt infolgedessen keine Besserung der Lebensverhältnisse. Mindestens 30 % der Erwerbsfähigen kennen keine regelmäßige oder volle Beschäftigung. Die Analphabetenrate liegt bei knapp 40 %, sie ist das Ergebnis besonderer Anstrengungen im Bildungsbereich und kann sich im Vergleich mit anderen nordafrikanischen Ländern sehen lassen. Auch die Einkommensverhältnisse sind günstiger als in den meisten Staaten Afrikas, mit Ausnahme der Ölförderländer, dennoch lebt ein erheblicher Teil der Familien in äußerst ärmlichen Verhältnissen. Auf dem Lande lebt man wie seit eh und je in der Großfamilie, in den Städten dominiert die Kleinfamilie, und auch die staatliche Geburtenplanung zeigt hier bescheidene Erfolge. Die Stellung der Frau ist, zumindest auf dem Papier, wesentlich besser als in allen anderen arabischen Staaten: Es gibt die Einehe, Schulpflicht für alle, Frauen sind vor dem Gesetz gleichberechtigt. Tunesier gelten als traditionell gastfreundlich und hilfsbereit. Das oft unbedachte oder protzige Auftreten von Touristen hat hier jedoch schon viel zerstört. Gar nicht so selten wird der Urlauber inzwischen nur als Geldbringer angesehen und wo immer möglich zur Kasse gebeten.
Die Kontaktmöglichkeit zu Einheimischen ist, sofern man Französischkenntnisse hat, recht gut, besser als in vielen anderen populären Urlaubsländern. Das staatliche Unternehmen Sotutour, 2, Rue de Sparte, Tunis, organisiert Urlaub zusammen mit einheimischen Familien und Programme für Schulklassen.

Bezirke

Tunesien war bislang offiziell in 18 Gouvernorate (Verwaltungsbezirke) eingeteilt, die jeweils den Namen des Hauptortes trugen: Jendouba, Béja, Bizerte, Tunis, Tunis-Sud (Zaghouan), Nabeul, Siliana, El Kef, Kasserine, Kairouan, Sousse, Monastir, Mahdia,

Sfax, Sidi Bouzid, Gafsa, Médénine. Im Jahre 1984 wurde eine weitere Untergliederung vorgenommen, um den Großraum Tunis zu entflechten und die überdimensionierten Wüstengouvernate zu verkleinern. So kamen durch Abspaltung 5 weitere Gouvernate dazu: Ariana (ehem. zu Tunis-Sud), Ben Arous (ehem. zu Tunis), Tozeur (ehem. zu Gafsa), Kebili (ehem. zu Gabès) und Tatahouine (ehem. zu Médénine). Die letztgenannten drei Bezirke sind die am dünnsten besiedelten des Landes; Tatahouine beispielsweise unfaßt knapp 1/4 der Staatsfläche und zählt ganze 100.000 Einwohner, d.h. knapp 3 Menschen pro Quadratkilometer, im Gegensatz zu Tunis mit 2240 Menschen pro Quadratkilometer.

Bizerte

(Nordspitze Tunesiens)
Die viertgrößte Stadt Tunesiens mit rund 70.000 Einwohnern ist eine wichtige Hafenstadt, die günstig an einem Kanal liegt, der in den Lac de Bizerte führt. Es gibt eine interessante Altstadt und ein Europäerviertel, in der Nähe schöne Strände ohne nennenswerte Touristenschwärme.

Bizerte/Geschichte

Schon in der Antike wußte man die geschützte und günstige Lage zu schätzen. Von den Puniern gegründet, wurde der Ort 310 v. Chr. von dem Tyrannen Agathokles von Syrakus erobert und unter dem Namen Hippo Diarrhytus in das Römische Reich eingegliedert. Die Araber eroberten ihn dann 661 und nannten ihn Benzert, worauf der heutige Name beruht. Eine wirkliche Blütezeit erlebte Bizerte jedoch erst im 13. Jh. als prachtvolle Sommerresidenz der Hafsiden. Im 15./16. Jh. kam es durch einwandernde Mauren zur Gründung eines ,,spanischen'' Stadtviertels, heute Quartier Andalous genannt. Ein florierendes Geschäft war zeitweise auch die von hier ausgehende Seeräuberei.

Ende des vorigen Jahrhunderts gründeten die Franzosen hier einen Flottenstützpunkt, der erst 1963, sieben Jahre nach Erlangen der tunesischen Unabhängigkeit, auf massiven Druck geräumt wurde. Heute leidet Bizerte unter der wirtschaftlichen Konkurrenz des mächtigen Tunis und führt ein ruhiges Dasein.

Bizerte/**Sehenswürdigkeiten**
Medina (Altstadt) mit der *Großen Moschee* aus dem 17. Jh. mit einem türkischen Minarett, das sich von den meisten im Lande unterscheidet.
Vieux Port (Alter Hafen), heute nur noch für Fischerboote, etwas verwahrlost, umrahmt von teilweise schönen Häusern und der mächtigen Kasbah.
Kasbah (Zitadelle) aus dem 17. Jh., nach Kriegseinwirkungen wiederhergestellt, heute Wohnviertel.
Fort Sidi Salem mit Grundmauern aus dem 13. Jh. und schöner Aussichtsterrasse. *Fort d'Espagne* (Spanisches Fort): 1570-73 von türkischen Piraten zum Schutz vor der spanischen Flotte errichtet, zur Zeit als Freilichtbühne und für Folkloredarbietungen genutzt.

Bizerte/**Praktische Informationen**
Ärztliche Versorgung: Krankenhaus in der Rue Soussier, Tel. 3 14 22; Apotheke im Zentrum.
Autovermietung: an der Av. H. Bourguiba.
Bademöglichkeiten: am Plage de Rmel, 3 km südlich der Stadt, Sandstrand.
Banken: mehrere im Zentrum am Square.
Camping: offizielle Möglichkeit an der Zufahrt zum Plage de Rmel, bei einem Jugendheim.
Einkaufen: Staatlicher Kunstgewerbeladen (ONAT) am Alten Hafen; dienstags Markt.
Essen und Trinken: Im Europäerviertel findet man einfachere Restaurants, ansonsten entlang der Küstenstraße und am Hafen.

Unterkunft: einige kleinere Hotels an der Küstenstraße, Jugendherberge auch dort.
Verkehrsverbindungen: Busbahnhof am Place Tarik Ibn Ziad unweit des Kanals. Busverbindungen mehrmals täglich nach Tunis, außerdem nach Tabarka, El Kef, Mateur u.a. Nahe beim Busbahnhof liegt der Bahnhof (Rue du Tindja), von hier täglich mehrmals Bahnverbindungen auf der Strecke Mateur - Tunis. Louages (Sammeltaxis) am Busbahnhof.
Wichtige Adressen: Postamt in der Rue d'Alger (am Square). Touristeninformation (ONTT): 1, Rue du Constantinople, Tel. 3 28 97. Club Nautique: am Ende des Quai Tarik Ibn Ziad.

Bizerte/**Umgebung**
Cap Blanc, Felsencap 15 km nördlich der Stadt, über die Küstenstraße (Corniche) erreichbar. Es handelt sich um den nördlichsten Punkt des afrikanischen Kontinents. Die klippenreiche, fast unberührte Küste bis nach Tabarka ist ein Taucherparadies. Allerdings führen fast nur miserable Wege dorthin.
Plage de Rmel: 3 km südlich der Stadt gelegener, langer Sandstrand mit Kiefernwald, als Badestrand noch nicht recht entdeckt.
Garaet Ichkeul (Ichkeul-See), etwa 60 km westlich von Bizerte gelegenes Sumpfgebiet mit 98 qkm großem See. Ein Naturschutzgebiet für zahlreiche Vogelarten und Wasserbüffel.
La Galite-Inseln: ein Archipel aus sechs Inselchen, davon fünf unbewohnt; hier leben einige Kleinbauern und Fischer.
Utica: Ausgrabungsstätte und kleines Museum unweit der Medjerda-Mündung (→dort).

Botschaften

Botschaften in Tunis:
Deutsche Botschaft: 18, Rue Félicien Challaye, Tunis-Belvédère, Tel. 01/28 12 55; neuerdings: 1, Rue el-Hamra, Tunis-Mutuelleville, Telex 04 09/1 24 63.

Österreichische Botschaft: 17, Av. de France, Tunis,
Tel. 01/24 95 20.
Schweizerische Botschaft: 10, Rue ech-Chenkiti, Tunis-Belvédère,
Tel. 01/28 01 32.
Niederländische Botschaft: 24-26, Place d'Afrique, Tunis-Centre,
Tel. 01/24 15 61.
Tunesische Botschaften:
in Deutschland: Godesberger Allee 103, D-5300 Bonn 2, Tel. 02 28/37 69 81;
in Österreich: Ghegagasse 4, A-1030 Wien, Tel. 02 22/78 65 52;
in der Schweiz: Kirchfeldstr. 63, CH-3005 Bern, Tel. 0 31/44 82 26.
→*Konsulate*

Bulla Regia

Nordwest-Tunesien)
Bedeutende römische Ausgrabungsstätte, ca. 7 km nördlich von Jendouba, auf einem leicht zum Fluß Medjerda geneigten Plateau unterhalb des Djebel Rebia (647 m) gelegen. Wahrscheinlich nahmen hier die Punier um 300 v. Ch. eine Siedlung ein. Nach der Niederlage Karthagos im 3. Punischen Krieg fiel Bulla Regia an den Numiderkönig Massinissa, der mit Rom verbündet war. Die Römer annektierten es später ganz, und im 2./3. Jh. lebten hier reiche Kaufleute. Vom luxuriösen Leben damaliger Zeiten zeugen heute noch einzigartige Ruinen: Thermen mit Kaltbad, Schwitzbad und Heizungsanlagen, ziemlich gut erhalten. Zisternen, Byzantinisches Fort. Grundmauern einer Basilika aus dem 6. Jh., etliche Luxushäuser, Theater, freistehend im Gegensatz zu den meisten antiken Theatern, die an einem Hang angelegt sind. Es gibt keine direkte Busverbindung nach Bulla Regia, nächste Möglichkeit einer Verbindung ist die nahe Straße Jendouba - Tabarka.

Busbahnhof, Busverbindungen →*Reisen im Land*

Camping

Tunesien ist kein ideales Campingland. Die Fährkosten für Wohnmobile und PKW sind viel zu hoch, als daß eine nennenswerte Anzahl von Campern ins Land käme. Es gibt nur sehr wenige offizielle Plätze mit den notwendigen sanitären Einrichtungen, die zudem fast alle in den Haupttouristenregionen an der Küste liegen. Individualreisende sollten besser nicht mit einem Zelt nach Tunesien reisen. Campingplätze existieren in Nabeul, Hammamet, Zarzis, Gabès, bei Bizerte, in El-Haouaria auf Cap Bon, in Aghir auf Djerba, in Tozeur, in Nefta und nach Unterlagen des tunesischen Fremdenverkehrsamtes auch noch in Sbeitla und in Douz. Die Plätze gehören oft zu einem Hotel oder einer Art Jugendherberge, die Gebühren betragen erfahrungsgemäß für ein Wohnmobil etwa 2 bis 4 DM pro Tag und je Person etwa 2 DM. Wer sich im Landesinneren aufhalten will, sollte in der Nähe von Siedlungen campieren oder sich einen Platz von der Nationalgarde anweisen lassen. Mit Belästigungen muß aber gerechnet werden. Empfehlenswerter ist es, nach Absprache auf dem Terrain von Jugendherbergen zu übernachten (→*Unterkunft*).
Grundsätzlich ist auf die große Brandgefahr bei offenen Feuerstellen zu achten, und man lasse keine Abfälle in der Landschaft zurück!

Chott el Djerid →*Tozeur*

Dahar-Gebirge

Das Dahar-Gebirge ist ein Stufenland im Südosten Tunesiens, das auf rund 150 km Länge parallel zum Mittelmeer verläuft. Die Tafelberge (Schichtstufen) erreichen Höhen von rund 650 m. Es ist ein agrarisch schwer nutzbarer Raum. Hierher haben sich im 11.

Jh. einige Berberstämme zurückgezogen, um den arabischen Nomaden zu entgehen. Die größte Besonderheit dieser Region sind die Wohnungen. Es gibt kaum feste Häuser, sondern es sind große Wohnhöhlen und -trichter in den Boden und die Felshänge gegraben worden (troglodytische Bauweise). Auch die Vorratsspeicher und Schutzbauten sind auf den ersten Blick nicht zu erkennen, da sie aus dem gleichen Felsgestein bestehen.

Dahar-Gebirge/**Sehenswürdigkeiten**

Chenini: ein ärmliches, jedoch reizvoll gelegenes Dorf in Hanglage mit nur wenigen hundert Einwohnern. Die Wohnungen führen horizontal in den Felsen und haben außen kleine Ummauerungen um einen Hof. Auf dem Bergrücken steht eine kleine weiße Moschee. Wenige winzige Terrassenfelder.

Douirat: ein kleines Höhlendorf, das sich über eine Anzahl von Kuppen erstreckt. Als ehemalige Karawanenstation einst bedeutsam, sind heute noch beeindruckende Reste des Ksar (Festung) zu sehen.

Foum Tatahouine: ziemlich moderner, aber trotzdem sehenswerter Verwaltungsort, wirkt etwas verschlafen. Montags und donnerstags Markt mit sehr weitem Einzugsbereich.

Guermessa: kleiner, vielbesuchter Ort, der aus zwei Hügeln mit Wohnhöhlen besteht und auch eine kleine Moschee besitzt. Von der Anhöhe bietet sich eine hervorragende Aussicht.

Ghoumrassen: Der Ort besteht aus einem neuzeitlichen Ortsteil mit regem Autoverkehr, zahlreichen Läden und einer am Berghang liegenden Kette von Höhlenwohnungen und Ghorfas (Vorratsspeicher). Freitags Markttag.

Ksar Haddada: beachtenswerte und leicht erreichbare Ghorfa-Anlage (Vorratsspeicher, heute Herberge) mit wenigen Häusern daneben. Hier gibt es oft Folkloreveranstaltungen.

Dahar-Gebirge/**Praktische Informationen**

Versorgung und Infrastruktur dieser abgeschiedenen Gegend sind

ziemlich schlecht. Krankenhaus, Bank, Supermarkt und einige Tankstellen befinden sich in Foum
Tatahouine, Einkaufsmöglichkeiten gibt es außerdem auch in Ghoumrassen. Der Busbahnhof liegt am westlichen Ortsrand von Foum Tatahouine mit Verbindungen nach Médénine und Gabès. Sammeltaxis gehen ab Zentrum auch in die Berberdörfer und die Oase Remada (80 km südlich).
Unterkunft: originelle Ghorfa-Herberge in Ksar Haddada. Ansonsten einfache Unterkunft in Foum Tatahouine, bessere in Médénine (→dort).
→*Matmata*

Diebstahl

Genauere Angaben über die Häufigkeit von Diebstählen und Autoaufbrüchen kann man kaum machen. Man hört nur selten von derartigen Vorkommnissen in Tunesien. Natürlich muß man, besonders im Gedränge der Altstädte, auf Taschen und Geldbörsen achtgeben. Wer seinen Wagen auf einer belebten Straße abstellt, hat jedenfalls wenig zu befürchten. Auf dem Lande finden sich oft Kinder, die gegen ein Trinkgeld das Auto ,,bewachen'' wollen, was natürlich auch keine absolute Sicherheit garantiert. Im großen und ganzen aber kann man sich in Tunesien sicher fühlen.
→*Verhalten; Botschaften; Polizei; Notfall; Kriminalität*

El Djem

(Ost-Tunesien, Sahel)
Die Stadt mit etwa 10.000 Einwohnern liegt genau auf halbem Weg zwischen den beiden größten Städten des Sahel (Küstenebene), Sousse und Sfax, jedoch nicht wie diese am Meer. Die Umgebung von El Djem ist nicht sehr reizvoll, es gibt eine Anzahl kleinerer Dörfer, die teilweise erst durch das Seßhaft-werden der

Souassi in den letzten Jahrzehnten entstanden sind. Zwischen größeren Sebkhas (Salzsenken) gibt es Olivenhaine.

El Djem/**Geschichte**
Die Siedlung ist höchstwahrscheinlich auf eine römische Gründung aus dem Jahre 50 v. Chr., damals Thysdrus genannt, zurückzuführen. Bereits im 2. Jh. erlangte sie unter Hadrian einige Bedeutung im Zusammenhang mit großangelegten Olivenanpflanzungen. Im 3. Jh. entstanden etliche Villen und das alles überragende Kolosseum (immerhin muß es also in der nahen Umgebung eine hinreichend große Bevölkerung gegeben haben). Nach einer Rebellion im Jahre 238 wurde der ganze Ort in einem Vergeltungsschlag vernichtet. In den letzten zwei Jahrhunderten wurde die Ruine des Kolosseums als Steinbruch benutzt, da die Gegend wenig Baumaterial bietet. Inzwischen ist jedoch alles renoviert worden.

El Djem/**Sehenswürdigkeiten**
Kolosseum: Mit seinen Maßen von 140 m x 122 m x 36 m war das Kolosseum das drittgrößte Amphitheater der römischen Welt und überragt als Ruine auch heute den ganzen Ort. Angeblich sollen auf seinen Rängen einmal an die 30.000 Zuschauer Platz gehabt haben. In der Arena fanden Gladiatorenkämpfe und Tierhatzen statt, zur Zeit der Christenverfolgung auch blutige Tierkämpfe mit Löwen. Man kann stellenweise bis in den zweiten Bogengang des Bauwerkes hinaufsteigen und hat so einen guten Überblick, auch hinaus auf das Dorf. Im Juni wird ein Folklorefest veranstaltet.
Museum: Das Museum liegt in einer ehemaligen römischen Villa am Südrand des Ortes. Zu sehen sind Fußbodenmosaike und Schaukästen mit Kleinkunst, dahinter ein Ausgrabungsfeld.

El Djem/**Praktische Informationen**
Ärztliche Versorgung: Krankenhaus im 42 km entfernten Mahdia (→dort).
Einkaufen: Geschäfte, Souvenirläden, Teppichhandel am Place du Marché im Zentrum; montags Markt.
Unterkunft: ein Hotel („Relais Julius") im Ort.
Verkehrsverbindungen: Züge mehrmals täglich nach Sousse, Tunis, Sfax; seltener nach Gabès, Tozeur. Busse und Sammeltaxis auch nach Mahdia.
Wichtige Adressen: Post, Polizei und Touristeninformation am Place du Marché.

Djerba

Die Insel Djerba, das wohl bekannteste Urlaubsziel Tunesiens, hat eine Ausdehnung von 22 km x 28 km und an die 100.000 Einwohner, die sich auf etliche Ortschaften verteilen. Hauptort und Geschäftszentrum ist Houmt-Souk im Norden der Insel. Die Insel ist im Süden durch einen befahrbaren Damm (Chaussée romaine) mit dem Festland verbunden, wo sich die Touristenregion mit dem Ort Zarzis fortsetzt. Djerba ist ziemlich flach, erreicht nur eine Höhe von etwa 50 m und ist intensiv landwirtschaftlich genutzt. Es gibt hier weite Sandstrände, und die großen Hotelanlagen fügen sich größtenteils harmonisch in das Landschaftsbild. Das Festland gegenüber der Insel ist weithin öde und trocken. Zwar gibt es in einer Entfernung von etwa 100 km einige landschaftliche Höhepunkte (z.B. Berberdörfer im Dahar-Gebirge, Matmata, Gabès), jedoch muß man für die meisten Exkursionsziele auf dem tunesischen Festland lange Anreisen in Kauf nehmen. Djerba und Zarzis (→*Djerba/Sehenswürdigkeiten*) sind am besten für einen geruhsamen Badeurlaub (auch mit Kindern) geeignet, und das Wetter ist auch in der Nebensaison recht beständig.

Djerba/**Geschichte**
Bereits Odysseus soll hier auf seiner Irrfahrt gelandet sein und von der ,,Insel der Lotosesser" gesprochen haben. Mit großer Sicherheit bestand schon vor der Gründung Karthagos hier eine phönizische Handelsniederlassung namens Meninx. Nach vandalischer und byzantinischer Herrschaft wurde Djerba 667 von den Arabern erobert und erlebte danach einige recht friedliche Jahrhunderte. Erst in der zweiten Hälfte des 15. Jh. erlangte die Insel einen zweifelhaften Ruhm als Piratennest. Ein Mahnmal in Houmt-Souk erinnert heute noch an die Opfer, die es bei der Bekämpfung der Seeräuberei gegeben hat.

Djerba/**Sehenswürdigkeiten**
Wer auf der Insel ein festes Quartier hat, sollte eine Inselrundfahrt in Betracht ziehen. Ohne große Entfernungen zurückzulegen, kann man doch eine ganze Menge sehen - freilich meist im Gefolge vieler ,,Gleichgesinnter":
Sehenswert ist *Houmt-Souk* mit überdachten Souks, drei großen Moscheen, einem kleinen Bootshafen, dem Museum für Volkskunst und Volkstradition und der hafsidischen Festung *Bordj el Kebir*, die seit dem 15. Jh. nach jeder Zerstörung wieder aufgebaut wurde.
Hara Seghira und *El Ghriba* sind die Synagogen der immer noch bedeutenden jüdischen Gemeinde auf Djerba. In den Judendörfern *Hara Seghira* (*Er Riad*) und *Hara Kebira* (*Es Souani*) leben heute über 1500 Menschen; man sieht auch hebräische Aufschriften - ein in arabischen Ländern sicher nicht selbstverständliches Nebeneinander.
Guellala ist Zentrum der Töpferkunst. Aus Tonstollen in der Umgebung wird auf manchmal lebensgefährliche Weise das Rohmaterial geholt und am Ende in den überall erkennbaren Öfen gebrannt (Tonwaren sind preiswert). Töpferei gibt es auch in *Cedouikech*. Im Ort *Mahboubine* steht eine bemerkenswerte Mo-

schee, die man als eine Hagia Sophia in Miniatur bezeichnen könnte.

Am *Cap Taguermess* (auch *Ras Tourgueness*) steht ein Leuchtturm an der Felsenküste. Von oben kann man die ganze Insel überblicken.

El May ist religiöses Zentrum auf Djerba, typisch ist seine festungsartige Moschee.

Schließlich lohnen noch die Festungen *Bordj Djillidj* (türkisch) und *Bordj Castil* (spanisch) einen kurzen Abstecher.

Zarzis ist eine Siedlung von Schwammfischern, heute moderner Touristenort mit schönem Strand. Es liegt nicht auf der Insel Djerba, sondern auf einer Halbinsel südlich davon. Mit nur etwa 60 km Luftlinie zu libyschen Grenze ist es der südlichste Badeort Tunesiens.

Djerba/**Praktische Informationen**

Ärztliche Versorgung: Apotheken in Houmt-Souk, Av. H. Bourguiba, Krankenhaus in Houmt-Souk am Bordj el Kebir, Tel. 5 00 18. Krankenhaus auch in Zarzis (Rue du 20. Mars, Tel. 8 03 02).

Autovermietung: Zahlreiche Gesellschaften findet man an der Geschäftsstraße in Houmt-Souk, am Flughafen Mellita, in Zarzis bei den Hotels. Hier und da können sogar Fahrräder ausgeliehen werden (in Hotels fragen).

Bademöglichkeiten: Beliebte Badestrände sind die *Plage de Sidi Mahrès* und die *Plage de la Seguia* (Nordosten und Südosten der Insel bei den Hotelzonen) sowie die Buchten nördlich von Zarzis. Wer jedoch auf eigene Faust über die Insel fährt, wird an vielen Stellen schöne Strände finden, z.B. westlich von Guellala oder nordöstlich des Römerdammes, der die Insel mit dem Festland verbindet.

Banken: in Houmt-Souk und Zarzis.

Camping: an vielen Strandabschnitten prinzipiell möglich. Reizloser Campingplatz am Hotel „Sidi Slim" in Aguir (auch Aghir) sowie in Zarzis.

Einkaufen: In Houmt-Souk besteht das bei weitem größte Angebot, es gibt auch Selbstbedienungsläden. Daneben viel Touristenware: Tonwaren, Teppiche, Kleidung. Staatlicher Kunstgewerbeladen (ONAT) an der Av. H. Bourguiba; Märkte in Houmt-Souk montags und donnerstags, in Cedouikech dienstags, in Adjim mittwochs, in Guellala donnerstags, in Midoun freitags, in El May sonntags und in Zarzis montags und freitags.

Nachtleben: Nachtclubs in vielen Hotelanlagen.

Unterkunft: Hotels aller Kategorien, meist direkt am Strand gelegen, allerdings außerhalb der Orte. Einfachere Hotels vor allem in Midoun und Houmt-Souk, auch in Zarzis. Jugendherberge in Houmt-Souk, Av. H. Bourguiba, und in Aguir.

Verkehrsverbindungen: Autofähre im Pendelverkehr von Djorf nach Adjim zwischen 2 Uhr und 24 Uhr, besonders häufig zwischen 7 Uhr und 21.30 Uhr. Niedrige Gebühren. Autofahrer können auch über den Römerdamm im Süden auf die Insel fahren. Haupthalteplatz für Linien- und Exkursionsbusse auf der Insel in Houmt-Souk, Place Sidi Brahim. Etliche Hotels haben einen eigenen Busdienst. Fernbusse aufs Festland ab Houmt-Souk, Place Mongi Bali.

Internationaler Flughafen in Mellita (10 km westlich von Houmt-Souk). Flugauskunft Tel. 5 02 31.

Wichtige Adressen: Touristeninformation in Houmt-Souk an der Uferstraße westlich der Festung Bordj el Kebir (Tel. 5 05 44), in Zarzis, Route du Port (Tel. 8 04 45). Polizei in Houmt-Souk, Place Mongi Bali und in Zarzis, Rue du Port. Postamt in Houmt-Souk, Place Mongi Bali.

Dokumente

Generell benötigt man zur Einreise nach Tunesien den Reisepaß, dessen Gültigkeit sich noch einige Monate über den geplanten

Zeitraum des Tunesienaufenthaltes hinaus erstrecken sollte. Bürger der BR Deutschland können ohne Visum bis zu 4 Monate im Land bleiben, Bürger Österreichs und der Schweiz ohne Visum 3 Monate. Kinder unter 16 Jahren müssen einen Kinderausweis mit Bild haben oder im Elternpaß eingetragen sein. Auch wer bereits einen Einreisestempel von Israel oder Südafrika im Paß hat, dürfte problemlos einreisen können, doch ist es angesichts der gegenwärtigen Situation ratsam, vorher bei der tunesischen Botschaft nachzufragen (→*Botschaften*). Impfpaß sowie Impfungen sind nicht vorgeschrieben, es sei denn, man kommt aus einem Infektionsgebiet (→*Impfungen*). Tiere, vor allem Hunde und Katzen, müssen nachweislich gesund sein (Gesundheitszeugnis) und zwischen dem 6. und 1. Monat vor der Einreise gegen Tollwut sowie gegen Staupe geimpft worden sein.

Autofahrer benötigen den nationalen Führerschein und bekommen vom tunesischen Grenzzollamt eine befristete Einfuhrbescheinigung für das Auto ausgestellt, die unbedingt aufbewahrt werden muß. Außerdem muß der nationale Zulassungsschein vorgelegt werden. Für einen Leihwagen braucht man den Internationalen Führerschein. Das Fahrzeug muß außerdem eine für Tunesien gültige Haftpflichtversicherung haben (ggf. grüne Versicherungskarte auf Tunesien ausdehnen lassen). Es gibt häufig Verkehrskontrollen an den Straßen: deshalb Dokumente immer mitführen.

Dougga

(Nordwest-Tunesien)

Die Ruinenstätte des römischen Thugga ist eine der besterhaltenen im gesamten Maghreb. Sie liegt auf einem Plateau mit weitem Blick über das Tal des Qued Khalled. Gleich am Parkplatz/Eingang steht man vor dem Theater, das um 168 v. Chr. erbaut wurde. Ebenfalls gut erhalten sind der Triumphbogen des

Severus, das numidisch-punische Mausoleum (etwas unterhalb der Anlage) sowie eine Anzahl von Zisternen, Tempelanlagen, Thermen und Teile der numidischen Stadtmauer. In der Nähe von Dougga gibt es noch weitere, unbedeutendere Ruinenfelder: Mustis und Aïn Tounga. Direkte Busverbindungen nach Dougga existieren nicht, es fahren Taxis oder Louages ab Téboursouk.

Douz

(Süd-Tunesien, Nefzaoua-Oasenregion)

Douz wird oft als das ,,Tor zur Sahara'' bezeichnet. Es ist eine beschauliche Kleinstadt mit rund 6000 Einwohnern. Sie hat zwar keine besonderen Sehenswürdigkeiten, aber aufgrund der Lage (die Wüste beginnt schon am Ortsrand) hat sie in den letzten Jahren einige Bedeutung als Touristenort erlangt. Es gibt einen kleinen, viereckigen Marktplatz, ein Handwerkerviertel, Oasengärten. Donnerstags ist Markt, auch der bemerkenswerte Kamelmarkt findet dann statt. Von Douz aus gibt es einige Ausflugsmöglichkeiten, auch per Kamel (Veranstalter ,,Douz Voyages'', Place de l'Indépendance). Ende Dezember findet das Sahara-Festival hier statt. Außer dem etwa gleich großen, aber schäbigen Ort Kebili gibt es eine Reihe kleiner Oasenweiler in der Nefzaoua, dem Gebiet östlich des großen Salzsees Chott el Djerid (→*Tozeur*). Der Weg zu den Weilern Zaafrane, Sabria, El Faouar, Blidet und Nouil ist z.T. sehr schlecht, auch gibt es dort keine Sehenswürdigkeiten. Aber die ganze Umgebung mit ihren Sanddünen und Palmgärten hinterläßt doch einen großartigen Eindruck.

Douz/Praktische Informationen

Außer in Douz und Kebili sind kaum Versorgungs- und Einkaufsmöglichkeiten gegeben. Autofahrer sollten unbedingt die Tankstellen in Douz oder Kebili anfahren, da sie praktisch die einzigen in der ganzen Region sind! Auf der langen Piste nach Osten (Matmata, Ksar Rhilane) bestehen keinerlei Versorgungsmöglichkeiten.

Unterkunft: Einfache Hotels im Ort, bzw. am Rand der Palmgärten sind das (,,Mrazig", das ,,Roses de Sable", das ,,Saharien", und das ,,Marhala"). Die letzteren beiden haben einen Swimmingpool. Zeltlager in den Oasen Zaafrane und Nouil.
Verkehrsverbindungen: Busse und Sammeltaxis von Douz und Kebili sporadisch nach Gabès und zum Weiler Zaafrane, keine regelmäßige Verbindung nach Tozeur! Alle Straßen außer der Strecke Douz - Kebili in schlechtem Zustand, meist sandige Pisten.
Wichtige Adressen: Touristeninformation (Bureau Saharien d'Organisation du Tourisme) an der Kreuzung im Zentrum von Douz.

Einkaufen

Alkoholika: Tunesisches Bier ist erschwinglich, auch einheimische Weine. Dosenbier aus dem Ausland ist teuer, und importierte Spirituosen sind nahezu unbezahlbar (überwiegend in Selbstbedienungsläden größerer Orte; der Verkauf unterliegt zeitlichen Beschränkungen).
Brot und Backwaren: Brot wird subventioniert, so daß ein Baguette nur wenige Pfennige kostet. Gebäck und Kuchen in Konditoreien sind um einiges teurer.
Gemüse und Obst: Große Auswahl, allerdings fast nur einheimische Sorten, deshalb ist das Angebot von der Jahreszeit abhängig. Ziemlich preiswert, in der Regel Festpreise ohne nennenswerte Differenzen zwischen den Händlern.
Importartikel sind grundsätzlich teuer, wobei die Waren aus den Ostblockländern oder aus Asien und Afrika meist um einiges billiger sind als europäische. Gravierende Versorgungsmängel gibt es im Grunde nicht, doch wird man in manchen Fällen auf die Auswahl in den wenigen Städten angewiesen sein, deren Supermärkte ein weitgehend französisches Angebot führen. Wer typisch

tunesische Kunstgewerbegegenstände kaufen will, sollte sich zwecks Preis- und Qualitätsvergleich in einem Artisanat-Laden (ONAT) umsehen. Diese staatlichen Geschäfte gibt es an allen bedeutenderen Orten, man kann ihre Adressen ggf. bei der Touristeninformation erfragen.

Häufig stößt man in den Souks (Bazare) und an Touristenständen auf Keramik, Tonwaren (mit und ohne Glasur), Gebrauchsgegenstände aus Olivenholz, Schmuck und Filigranarbeiten, Korallenketten, Folklorekleidung, Ledertaschen, Parfums, Teppiche, Schmiedearbeiten, Stickereien und Korbwaren. Viele dieser Artikel zeigen lokale Schwerpunkte, d.h. sie sind nicht überall im Lande von gleicher Qualität oder ähnlichem Preis. Manches stammt sogar aus anderen Ländern, z.B. kommen Kupferteller oder Lederbrieftaschen oft aus Marokko. Die oben erwähnten ONAT-Geschäfte besorgen auch den Versand größerer Einkäufe, z.B. Teppiche, zum Wohnort des Käufers. Bei Zahlung in Devisen erhält man einen Rabatt von 10 %. Die ONAT-Zentrale ist in Tunis, Rue des Teinturiers, Tel. 01/22 04 22.

Wochenmärkte →*Städte/Praktische Informationen*

Einreise →*Dokumente; Zoll*

Ermäßigungen

Beim Eintritt in Museen, archäologische Stätten u.ä. hat man bei Vorlage des Internationalen Studentenausweises freien Eintritt. Sonntags und freitags nachmittags gibt es oft allgemein 50 % Ermäßigung. Die tunesischen Eisenbahnen (S.N.C.F.T.) gewähren bei Rückfahrkarten Rabatte; Kinder bis zu 4 Jahren fahren gratis, bis zu 10 Jahren zum halben Preis.

Die staatlichen Kunstgewerbeläden ONAT räumen bei Zahlung in Devisen 10 % Nachlaß ein.

Essen und Trinken

Essen

Die französische Küche hat in Tunesien nachhaltigen Einfluß ausgeübt. Besonders die Konditoreien erinnern mit ihrem Angebot an die ehemalige Kolonialmacht. Im folgenden sollen jedoch vorwiegend landestypische Gerichte aufgeführt werden. Kennzeichnend für die tunesische Küche sind Olivenöl, Harissa (eine scharfe Tomaten-Paprika-Paste), Pfefferminz, Kümmel, Anis, Rosenwasser und die einheimischen Gemüsesorten.

Als das Nationalgericht gilt der *Couscous*, ein feiner oder auch gröberer Weizengrieß, der über einer Gemüsesuppe oder Fleischbrühe gedämpft wird. Es entsteht eine weiche, bröselige Masse, die dann zusammen mit Fleisch und Bohnen, Huhn oder diversen Gemüsesoten, manchmal auch mit Obst und süßen Zutaten gegessen wird. Bei Festen wird dazu oft Hammel- oder Lammfleisch gegrillt, gelegentlich auch Fisch.

Die internationalen Schnellrestaurants, wo Hot Dogs oder Hamburger angeboten werden, sind in Tunesien nicht vorhanden, aber die Einheimischen haben ihre eigene Art
von preiswerten und einfachen Imbissen für zwischendurch: z.B. *Chakchouka*, das ist eine Mischung aus Zwiebeln, grünen Paprikaschoten, Kartoffeln und Tomaten, die in Olivenöl gebacken und am Ende mit einem rohen Ei abgerundet wird. Oder *Cassecroûte*, ein kleines aufgeschlitztes Baguette, in das etwas Olivenöl geträufelt wird, um es anschließend mit Thunfischstückchen, Oliven, Gemüsestücken und Harissa zu füllen. Ein solcher Happen ist überall sehr preiswert zu haben und ersetzt fast eine volle Mahlzeit. Es gibt auch eine ganze Reihe von Suppen, z.B. *Leblebi* aus Kichererbsen, *Mdames* aus Bohnen, *Tadjine* mit Hammelfleisch u.a. Wie im ganzen Orient ißt man auch in Tunesien vielfach gefüllte Gemüse wie Zucchini (*Doulma*) oder Paprikaschoten (*Felfel*). Salate aus den verschiedenen Gemüsesorten, oft mit Eiern

oder Thunfischstückchen garniert, stehen ebenso auf der Speisekarte wie gegrillte Fleischspieße (*Brochettes*), Würstchen aus Hammelfleisch (*Merguez*) und an der Küste mancherlei Fischsorten. Eher Nachtisch oder Vorspeise sind die *Brics*, z.B. *Bric à l'œuf*, eine Art Maultaschen, in Olivenöl gebacken und mit Eiern und gehackten Kräutern gefüllt. Honigtriefende Süßspeisen sind vielleicht nicht jedermanns Geschmack, doch gibt es eine große Palette davon, und man sollte sie sich in jedem Falle nicht ganz entgehen lassen. Mit geraspelten Mandeln, Pistazien, Blätterteig, Sirup, Nüssen u.v.m. werden manchmal kleine Wunder vollbracht. Nicht zu vergessen sind schließlich französische Kuchen und Croissants. Als Nachtisch gibt es Datteln, Feigen, überhaupt Obst. Für Selbstversorger sei ergänzt, daß es auf den lokalen Märkten immer eine hinreichende bis gute Auswahl an Obst und Gemüse gibt; Baguettes sind spottbillig, aber nicht immer gut; bei Käse oder gar Wurstsorten wird man oftmals nicht auf Anhieb das Gewünschte finden. Wer mit dem Auto fährt, tut gut daran, einige Fleichkonserven o.ä. mitzunehmen. Wegen der großen Hitze sollte man das Essen stärker salzen als üblich.

Trinken

Es gibt verschiedene gute Mineralwasser-Marken, Cola und Flaschen-Limonade. Meiden sollte man unbedingt offene Limonade aus Glasballons, wie sie in den Straßen angeboten werden; schnell ist eine Infektion die Folge dieses Genusses. Leitungswasser muß mit Micropur-Tabletten o.ä. keimfrei gemacht werden. Beliebt und beinahe allgegenwärtig ist Pfefferminztee, der stundenlang auf kleinen Holzkohlebecken warmgehalten wird und so stark ist, daß er, mit Zucker gesüßt, eher wie Likör schmeckt. Beim Kaffeetrinken orientiert man sich am französischen Vorbild: entweder *Café au lait* (mit Milch) oder *Café noir* (schwarz).
Alkoholische Getränke sind, außer in Touristengebieten, weit weniger populär als bei uns. Sie sind nicht immer und überall er-

hältlich, Spirituosen sind darüberhinaus extrem teuer. Als Erfrischung nach der großen Tageshitze kann man zum leichten einheimischen Bier (*Celtia*) greifen, ausländische Biere sind relativ selten. Wein verschiedener Art gibt es auch in hinreichender Auswahl (z.B. *Mornag, Thibar, Koudiat*), doch wird er zu rund 90 % exportiert. Außerdem gibt es noch Dattel- und Feigenschnäpse, die einzigen einheimischen Spirituosen.

Fähren →*Anreise; Reisen im Land*

Feiertage und Feste

1. Januar - Neujahrsfest
18. Januar - Tag der Revolution
20. März - Tag der Unabhängigkeit
21. März - Tag der Jugend
9. April - Tag der Märtyrer
1. Mai - Tag der Arbeit
07. April-06. Mai (1989; veränderlich) - Ramadan (islamischer Fastenmonat)
6.-7. Mai (1989, veränderlich) - Aïd es Seghir (islamischer Feiertag)
1. Juni - Nationalfeiertag
2. Juni - Tag der Jugend
13.-14. Juli (1989; veränderlich) - Aïd el Kebir (islamischer Feiertag)
25. Juli - Tag der Republik
3. August - Geburtstag des Präsidenten
13. August - Tag der Frau
3. August (1989; veränderlich) - Ras el Am (Neujahr 1409 im islamischen Kalender).
3. September - Gedenktag für den 3. September 1934 (Gründung der Destour-Partei)
15. Oktober - Tag der Evakuierung (Abzug der Franzosen)
3. Oktober (1989; veränderlich) - El Mouled (islamischer Feiertag)
Veranstaltungen →*Städte*

Ferienwohnungen →*Unterkunft*

FKK

Nacktbaden ist in Tunesien verboten, und Areale für FKK-Freunde sind nicht vorgesehen, schon gar nicht an den jedermann zugänglichen Strandabschnitten. Gerade in einem islamischen Staat wie Tunesien, dessen Bevölkerung zu einem großen Teil konservativ ist, sollte man sich den Gepflogenheiten anpassen und nicht die Gemüter provozieren. Schon beim Oben-ohne-Baden muß man mit Belästigungen und Nachrufen rechnen.

Flug →*Anreise*

Folklore

Trachten: Während in den Städten europäische Kleidung schon weit verbreitet ist, kann man auf dem Lande, besonders im Süden, viele Trachten sehen. Die traditionelle Kleidung der Beduinenfrauen ist die *Melia*, ein gestreifter Umhang, bodenlang und über der Schulter mit einer Brosche zusammengehalten. Die Farben dieses Kleidungsstückes variieren in den einzelnen Regionen stark. Auf dem Kopf werden dazu oft Baumwolltücher getragen. Araberinnen kleiden sich an Festtagen gern in einen bestickten *Kaftan*. In der Stadt hüllen sich viele Frauen in den *Sefsari*, einen meist weißen Umhang mit Kopfteil, darunter Rock und Bluse, nicht selten in europäischer Manier. Wenn es relativ kalt ist, holt man die *Djellabah* (auch Djebba genannt) hervor, einen für beide Geschlechter gedachten Kapuzenmantel. Der Mann trägt sackartig geschnittene Kniehosen, darüber die *Kaschabia*, einen Kapuzenumhang aus Wolle. Als Kopfbedeckung sind der *Fez* oder die flachere *Chechia* verbreitet, bei den Berbern im Süden auch der *Turban*, der oft das ganze Gesicht (außer den Augen) bedeckt und ein Schutz vor Staub und Sonne ist.

Musik: Die arabische Musik ist für viele Europäer zwar eintönig, doch hat sie auch den Reiz des Exotischen. Durch Tanz und Musik wird eine reiche Skala an Gefühlen ausgedrückt, und auch Entspannung steckt darin. Die klassische Musik Tunesiens ist der *Malouf*, bei dem Gesang und Instrumentalmusik abwechseln. Im Gegensatz zur Volksmusik werden hier immer Geigen und Lauten verwendet, manchmal gehört auch eine Harfe dazu. Als Musik der einstigen Fürstenhäuser ist die Aufführung des Malouf auf die Städte beschränkt.

Auf dem Land kommt man mit der tunesischen *Volksmusik* in Berührung, die aus einer Vermischung arabischer und berberischer Elemente hervorgegangen ist. Sie ist stark rhythmisch, Schlagzeug und Flöten spielen hier eine wichtige Rolle. Dazu tanzt man im Kreis oder in der Reihe.

Feste: Neben den religiösen Festen spielen Familienfeste eine große Rolle. Da sie beinahe öffentlich begangen werden, kann man auch als Vorübergehender einen lebendigen Eindruck gewinnen (→*Religion* und *Feiertage*).

Fotografie

Generell kann man im Lande alles fotografieren, was auch in anderen Urlaubsländern erlaubt ist. Wer gezielt militärische Anlagen oder Grenzsicherungen aufnimmt, muß allerdings mit Unannehmlichkeiten rechnen. Während Foto-Aufnahmen auf belebten Straßen jederzeit möglich sind, sollte man bei Personenaufnahmen auf dem Lande immer des Einverständnisses der Betroffenen sicher sein. Viele religiöse Menschen, besonders ältere, und Frauen im allgemeinen scheuen sich vor Abbildungen oder fühlen sich einfach belästigt. Kinder und Jugendliche wird man immer für ein Foto gewinnen können. Auch die Menschen in den Touristenorten haben sich längst an die Kameras gewöhnt. Ob der Tip, sich die Fotoerlaubnis ggf. durch ein Trinkgeld einzuholen, geeignet ist oder nicht, soll jeder mit sich selbst ausmachen.

Tunesien bietet, vor allem bei Fahrten ins Landesinnere, eine Fülle wunderschöner Motive, so daß man den Bedarf an Fotomaterial großzügig kalkulieren sollte. Da in Tunesien an Filmen praktisch nur Importware angeboten wird, die sehr teuer und u.U. falsch gelagert ist, ist man mit einer Reserve gut beraten. Filme von geringerer Empfindlichkeit (15-21 DIN) reichen fast immer aus. Ein Skylight-Filter ist anzuraten.

Für das Fotografieren in Museen und archäologischen Stätten (ohne Stativ und Blitzlicht) muß man eine besondere Erlaubnis erwerben, die das Doppelte einer Eintrittskarte kostet (zur Zeit ca. 3.50 DM).

Gabès

(Südtunesische Küste)

Mit etwa 65.000 Einwohnern ist die Oase Gabès schon eine ausgewachsene Stadt, durch ihre Lage am Meer sogar eine Besonderheit. Der lebhafte Ort ist Verwaltungssitz für ein großes, dünn besiedeltes Gebiet, das von der Küste bis in die Sahara reicht. Gabès ist auf dem Wege, das industrielle Zentrum Süd-Tunesiens zu werden.

Gabès/Geschichte

Als möglicherweise punische Gründung tritt Gabès erst unter dem römischen Namen Tacapae in die Geschichte ein. Immer wieder wurde der strategisch interessante Platz überfallen, bis die Römer ihn aufgaben. Im 7. Jh. kam es zu bescheidenen Neuanfängen, die im 12. Jh. für einige Zeit in einer ansehnlichen Siedlung gipfelten. Auch im Zweiten Weltkrieg gab es bei Gabès schwere Zerstörungen.

Gabès/Sehenswürdigkeiten

Die Geschäftsstraße Av. Habib Bourguiba führt vom Meer aus geradewegs zum Altstadtviertel *Grand Jara* mit der großen Moschee von 1952. Gleich dahinter liegt der Markt, der teilweise von Arkaden gesäumt wird. Eine kleine Brücke überquert den *Oued Gabès*, ein stark verschmutztes Rinnsal, das den ländlich wirkenden Ortsteil *Petit Jara* mit seinen z.T. überdachten Gassen abtrennt. Im Süden der Stadt, jenseits eines Kanals, genannt *Oued Matmata*, steht die *Sidi-Boulbaba-Moschee* mit einer Koranschule, in der sich jetzt ein kleines Volkskunstmuseum befindet. Im Norden und Westen der Stadt erstreckt sich die eigentliche Oase, die bis ans Mittelmeer reicht. Zwar ist ihre Lage durchaus reizvoll, doch die Qualität der Datteln leidet unter der hohen Luftfeuchtigkeit. Der kleine Ort *Chenini du Gabès* in der Oase, 4 km westlich vom Zentrum, ist als Ausflugsziel beliebt: Es gibt dort eine kleine Staumauer, angeblich römischen Ursprungs, und einen Mini-Zoo mit etlichen einheimischen Tieren.

Gabès/**Praktische Informationen**
Ärztliche Versorgung: Krankenhaus im Menzel-Viertel, Boul. Mohammed Ali, Tel. 2 07 22.
Autovermietung: an der Geschäftsstraße Av. Habib Bourguiba.
Bademöglichkeiten: am Strand südlich des Hafens zwischen Oued Gabès und Oued Matmata (Kanal).
Banken: mehrere im Zentrum.
Camping: Campingplatz stadtnah gelegen im Petit Jara-Viertel, gleich an der Brücke über den Oued Gabès beim Sportplatz (schattig).
Einkaufen: Markt im Grand Jara-Viertel täglich außer montags. Gute Möglichkeiten im Ort. Staatlicher Kunstgewerbeladen ONAT in der Av. Ferhat Hached.
Essen und Trinken: einige gute Restaurants an der Av. Ferhat Hached und an der Av. Habib Bourguiba, außerdem die Restaurants in den Strandhotels.
Nachtleben: einige Bars im Zentrum, Casino am Hafen.

▲ Abseits aller Oasen – und ohne Allrad-Antrieb ...

▼ Port el Kantaoui – Urlaub in supermodernen Hotelkomplexen

Unterkunft: Hotel ,,Atlantique" und einige einfachere an der Av. Habib Bourguiba, weitere an der Av. Ferhat Hached. Dort auch eine große Jugendherberge (Tel. 2 01 71).
Verkehrsverbindungen: Gabès ist Endstation der küstennahen Bahnstrecke von Tunis aus. Bahnhof an der Rue Mongi Slim (nahe Zentrum), täglich Verbindungen nach Sfax - Sousse - Tunis. Buslinien in alle Richtungen (u.a. nach Libyen und zur Insel Djerba) ab Busbahnhof in der Av. Ferhat Hached, nahe Ortsausfahrt nach Sfax. Dort auch Louages. ,,Sahara Tours", 57, Av. Ferhat Hached, Tel. 2 09 30.
Wichtige Adressen: Touristeninformation am Place de la Libération, Tel. 2 02 54. Post in der Av. Ferhat Hached.

Gafsa

(Süd-Tunesien, ca. 50 km von der algerischen Grenze)
Gafsa, der bedeutendste Binnenort Süd-Tunesiens mit 55.000 Einwohnern liegt am Südrand der zentraltunesischen Steppe. Die umgebende Landschaft läßt bereits die Wüste erahnen. Einen bemerkenswerten Anblick bietet die Oase vor der Kulisse des kahlen Gebirgszuges Djebel Orbata. Die sehenswerte Altstadt ist klein, dennoch weiß man den ansonsten reizlosen Ort als Zentrum in einer fast menschenleeren Region zu schätzen.

Gafsa/**Geschichte**
Die Region war schon im 6. Jahrtausend v. Chr. besiedelt, wie Skelettfunde beweisen. Gafsa selbst basiert auf einer numidischen Siedlung aus dem 2. Jh. v. Chr., die im Jahre 107 v. Chr. durch den römischen Feldherrn Marius eingenommen wurde und fortan als Militärlager Capsa hieß. Unter Trajan erhielt sie Stadtrecht. Die Byzantiner eroberten Capsa im Jahre 540, bauten eine Stadtmauer, unterlagen aber zu Beginn des 8. Jh. dem Heer des Arabers Oqba Ibn Nafi (→*Kairouan*). Im 16. Jh. eroberte der

Pirat Dragut den Ort. Einen nachhaltigen Aufschwung brachte die Entdeckung der nahegelegenen riesigen Phosphatvorkommen vor knapp hundert Jahren. 1980 wurde die Garnison in Gafsa mit libyscher Unterstützung von Rebellen angegriffen. 1984 kam es zu Aufständen im ,,Brotpreiskrieg'' (→auch *Politik*).

Gafsa/**Sehenswürdigkeiten**
Sehenswert ist das Altstadtviertel mit seinen belebten Gassen sowie die *Kasbah* (Festung) aus dem 15./16. Jh., die an der Av. Habib Bourguiba (Fortsetzung der Straße nach Kasserine) liegt. Etwas versteckt am Ende der Allee liegen die *Piscines romaines* (Römerbad), zwei ziemlich unscheinbare Becken mit temperiertem Quellwasser, die den Jugendlichen von Gafsa zum Zeitvertreib dienen. Daneben steht das *Dar el Bey*, ein türkischer Palast mit einigen römischen Säulen. Nicht weit ist es vom Palast zur *Großen Moschee* aus dem 14. Jh. Daran schließt sich unmittelbar die Oase *El Ksar* an, die den Ort im Westen und Süden begrenzt; es gibt hier erstaunlicherweise auch viele Obstbäume und Weinreben.

Gafsa/**Praktische Informationen**
Ärztliche Versorgung: Krankenhaus in der Rue Bouzaiane.
Banken: an der Rue Mohammed Khadouna/Place Habib Bourguiba.
Einkaufen: neue Markthalle am Place Bourguiba. ONAT-Laden am westlichen Stadtrand (Straße nach Tozeur). Von besonderem Rang sind die hier hergestellten Teppiche und Decken.
Essen und Trinken: eine Anzahl Restaurants und Cafés in der Nähe des Busbahnhofs (Place de la Victoire) und am Rande der Altstadt.
Unterkunft: einfache Hotels am Place Bourguiba und Place de la Victoire im Zentrum. 3-Sterne-Hotel ,,Jugurtha Palace'' außer-

halb an der Straße nach Tozeur. Jugendherberge nahe dem ONAT-Laden (Tel. 1 02 68).
Verkehrsverbindungen: Busbahnhof und Louage-Standplatz am Place Habib Bourguiba, täglich Verbindungen nach Kairouan-Tunis, Sfax, Gabès und Tozeur. Nationaler Flughafen. Zugverbindungen ab Vorort Gafsa-Gare auf der Strecke Tozeur - Gafsa - Sfax - Tunis (1 x pro Tag).
Wichtige Adressen: Touristeninformation (ONTT) am Römerbad, Place des Piscines, Tel. 2 16 44. Postamt in der Rue Ferhat Hached.

Gafsa/**Umgebung**
Neben der stadtnahen Oase El Ksar (s.o.) gibt es bei der Bahnstation noch die Oase *Lalla*, die einen Besuch lohnt (man erhält einen guten Einblick in den Alltag der Bewohner). Etwas außerhalb, an der Straße nach Gabès, erstreckt sich die Oase *El Guettar*.
42 km südlich von Gafsa liegt der Ort *Metlaoui* mit bedeutendem Phosphatbergbau, er wird beherrscht von Förderanlagen und Arbeiterunterkünften. 10 km weiter erreicht man die schlecht beschilderte und unscheinbare Abzweigung zu den *Gorges du Seldja*(Seldja-Schlucht), einem beeindruckenden Canyon von 15 km Länge und 150 m Tiefe (aber Vorsicht: viele Giftschlangen!).

Geld

Die Landeswährung ist der tunesische Dinar (tD oder D abgekürzt), der in 1000 Millimes unterteilt ist: 1 tD = 1000 m. Ende 1988 entspricht 1 tD etwa 2,05 DM. Es sind Geldscheine von 10, 5, 1 und 1/2 Dinar im Umlauf sowie Münzen zu 5 und 1 Dinar, zu 500, 100, 50, 20, 10, 5, 2 und 1 Millimes.
Tunesische Währung darf weder ein- noch ausgeführt werden, Devisen hingegen dürfen unbeschränkt eingeführt werden. Um

▲ *So unscheinbar und doch lebensnotwendig: Brunnen in der Wüste*

▼ *Blick über die Medina von Tunis*

Devisen im Gegenwert von mehr als 500 tD wieder ausführen zu können, ist bei der Einfuhr vorsorglich eine Devisenerklärung auszufüllen. Wechselquittungen sollte man unbedingt aufbewahren, da man sie zum evtl. Rücktausch benötigt. Jedoch werden generell nur maximal 30 % des nachgewiesenen Umtausches zurückgewechselt und dann auch höchstens 100 tD.

Euroschecks und Reiseschecks werden von den Banken ohne weiteres angenommen, Kreditkarten akzeptieren auch viele Hotels und Restaurants. Eine Reihe staatlicher Touristengeschäfte gewährt bei Zahlung in Devisen sogar 10 % Rabatt!

Für Banken gelten folgende Öffnungszeiten:
vom 1.7. bis 15.9.: Mo-Fr, 8-11 Uhr nachmittags geschlossen; vom 16.9. bis 30.06.: Mo.-Do. 8-11 Uhr und 14-16 Uhr, Fr. 8-11 Uhr und 13-15 Uhr; im Monat Ramadan: Mo.-Fr. 8- 11.30 Uhr und 13-14.30 Uhr.

Die Wechselstuben in den Häfen und Flughäfen sowie in einigen Hotels haben längere Öffnungszeiten.

Einige bedeutende Banken in Tunis:
Banque Centrale de Tunisie, Rue de la Monnaie, Tel. 01/25 99 77; Société Tunisienne de Banque, 65, Av. H. Bourguiba, Tel. 01/24 70 00; Banque Nationale de Tunisie, 19, Av.de Paris, Tel. 01/25 80 66; Banque de Sud, 14, Av. de Paris, Tel. 01/25 69 00; Arab Bank, 21, Rue al Jazira, Tel. 01/25 88 40; Banque Franco-Tunisienne, 13, Rue d'Alger, Tel. 01/24 21 00.

Geographie

Tunesien ist der nördlichste Staat Afrikas und das kleinste der Maghreb-Länder (Marokko, Algerien, Tunesien). Die Staatsfläche umfaßt etwa 164.000 qkm, was etwa zwei Drittel der Fläche der BR Deutschland entspricht. Aber nur knapp 100.000 qkm sind besiedelt, der gesamte Rest entfällt auf die endlose Sandfläche der

Geographie

Sahara. Die größte Nord-Süd-Erstreckung Tunesiens beträgt rund 750 km. Das Land grenzt an Algerien und Libyen. Tunesien hat nur wenige höhere Berge: *Djebel Chambi* bei Kasserine (1544 m), *Djebel Zaghouan* bei Zaghouan (1295 m) und *Djebel Rhorra* bei Ghardimaou (1203 m). Zwar wird der ganze Norden des Landes von Bergzügen eingenommen, doch sind sie allesamt relativ niedrig. Im einzelnen sind es das *Kroumir-* und *Mogod-Bergland*, das *Medjerda-Bergland*, der *Hohe Tell* und die *Dorsale*. Eine Sonderstellung nimmt die Halbinsel *Cap Bon* mit ihren Küstenebenen ein. Südlich an das nordtunesische Bergland schließt sich unvermittelt die öde *zentraltunesische Steppe* an, die zur Küste in den sogenannten *Sahel* übergeht (diese hat nichts mit der von Dürren heimgesuchten Sahelzone zu tun, die am Südrand der Sahara liegt!). Den gesamten Süden und damit etwa die Hälfte der Staatsfläche nehmen die Wüstengebiete ein. Im Binnenland erstrecken sich die riesigen Salzseen *Chott el Djerid* und *Chott el Fedjadj* mit den drei Oasengruppen *El Ouidane*, *Bled el Djerid* und *Nefzaoua*. Das *Dahar-Gebirge* trennt die Sanddünen des *Grand Erg Oriental* von der *Djeffara-Küstenebene*, die sich nach Libyen hinein fortsetzt. Der Küste vorgelagert sind die Insel *Djerba*, die durch einen Damm mit dem Festland verbunden ist, und die *Kerkennah-Inseln*.

Von einem Gewässernetz kann man im Falle Tunesiens nicht sprechen. Fast alle Flußtäler (*Oued*) liegen den größten Teil des Jahres über völlig trocken. Bei den seltenen, heftigen Regenfällen schwellen sie kurzzeitig an, aber meist enden sie nahe der Küste in abflußlosen Senken (*Sebkhas*), in denen sich die Salze ablagern, und kaum ein Wasserlauf erreicht das Meer. Der einzige ganzjährig wasserführende Fluß ist der *Oued Medjerda*, der aus Algerien kommt und Tunesien auf 365 km Länge durchzieht. Es gibt auch nur sehr wenige Seen, meist Stauseen in den Bergen, die zur Bewässerung angelegt wurden.

→*Bevölkerung*; *Wirtschaft*

Geschichte

Vorgeschichte: Die Besiedlung Tunesiens reicht bis in prähistorische Zeit zurück. In der Nähe von Gafsa fand man Skelettreste aus der Mittelsteinzeit (ca. 8000-5000 v. Chr.). Als Vorfahren der jetzigen Bevölkerung gelten die Berber bzw. Numider.

Phönizier: Im 12. Jh. ließen sich die ersten Phönizier (Punier) an der Küste nieder. Es wurden Siedlungen gegründet, die heute zu den größten Städten des Landes zählen, z.B. Tunis, Sousse, Bizerte, Gabès. Die Geschichte von der Gründung Karthagos, angeblich im Jahr 814 v. Chr., tatsächlich aber später, ist in der Sage um die legendäre Königin Dido überliefert. Karthago stieg zur Weltmacht auf, und es kam zum Konflikt mit dem ebenfalls aufstrebenden Rom. Die drei Punischen Kriege (264-241, 218-201 und 149-146 v. Chr.) führten zur völligen Niederlage und Auslöschung Karthagos. Das Land westlich von Karthago fiel an das politisch und kulturell relativ selbständige Numiderreich (→*Bulla Regia*). Berühmte Namen wie Hannibal, Scipio und Cato gehören in diese Epoche.

Römer: Im Jahre 122 v. Chr. machten sich die Römer daran, an der Stelle Karthagos eine neue Siedlung zu gründen, was aber erst im zweiten Anlauf (44 v. Chr. unter Cäsar) gelang. Jetzt wurde die Colonia Julia Carthago zur Hauptstadt der römischen Provinz Africa Nova, die in großen Teilen dem heutigen Staat Tunesien entsprach. Die immer wieder aufflackernden Aufstände gegen Rom wurden weitgehend unterdrückt.

Augustus vereinigte das Land unter dem Namen Africa Proconsularis. Durch diese Kolonisierungstätigkeit wurde Tunesien zur vielzitierten ,,Kornkammer Roms''. Im 2./3. Jh. war es eine der reichsten Provinzen des Römerreiches, mit einem Netz von Fernstraßen und vielen stattlichen Orten. Wirklich gut ging es allerdings nur der römischen Bevölkerung, auf Kosten der Landbewohner. Seit Ende des 2. Jh. breitete sich das Christentum stark aus.

Vergangene Pracht: Ausgrabungsgelände von Sbeitla ▶

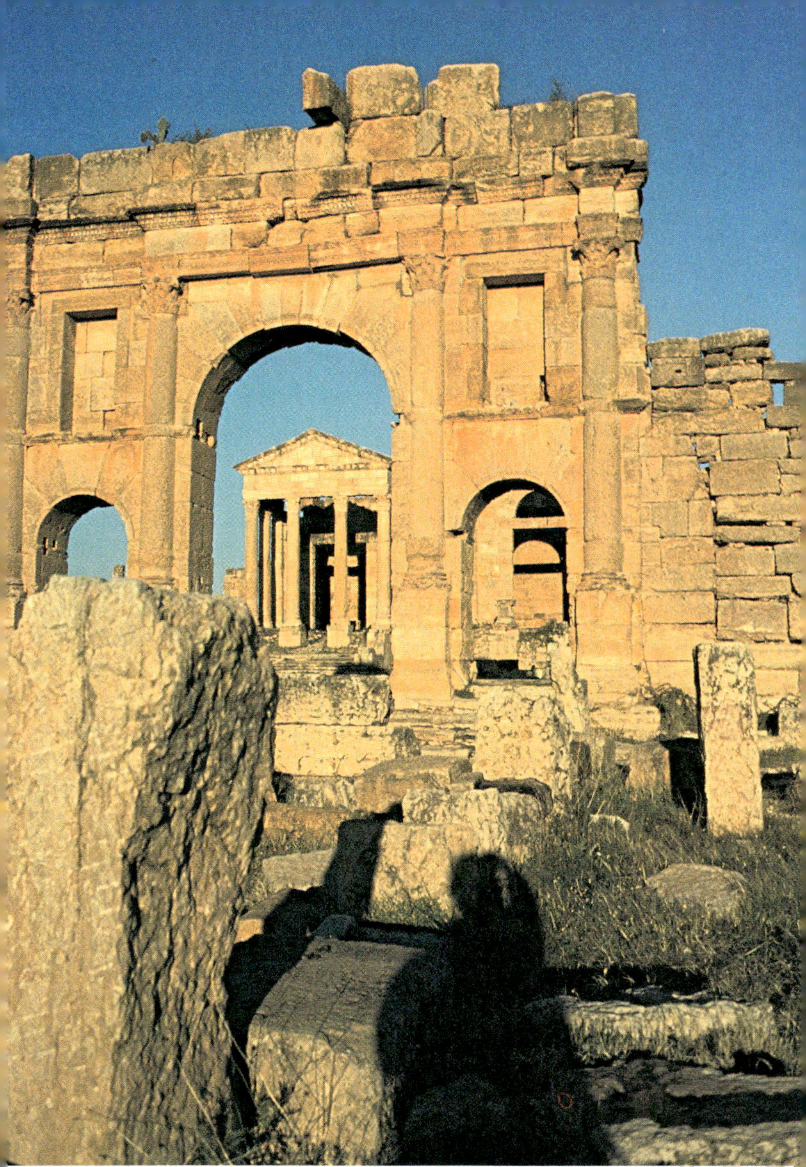

Vandalen: Im Laufe des 4. Jh. wurde die römische Verwaltung durch allerlei Attacken und infolge von Finanznöten immer mehr geschwächt. Der Vandalenführer Geiserich konnte bis zum Jahre 439 u.a. ganz Nordafrika einnehmen. Nachdem sein übergroßes Reich schon 477 zerfallen war, besetzten 533 die Byzantiner Tunesien; auch sie hatten leichtes Spiel.

Byzantiner: Das Gebiet wurde zu einem Teil des Oströmischen Reiches. Starke Bollwerke zum Meer hin wurden errichtet, doch der verhängnisvolle Einfall der Araber erfolgte vom Binnenland her, aus der Wüste.

Araber: Auf den ersten Ansturm der Araber im Jahre 647 bei Sufetula (heute Sbeitla) folgte ein zweiter um 665 unter dem berühmten Heerführer Sidi Oqba Ibn Nafi. Kairouan wurde als neue Residenz gegründet. 698 wurde Karthago zum zweiten Mal zerstört. Aufstände der Berber mehrten sich, und die Araber mußten erhebliche Rückschläge hinnehmen. Letztlich behielten aber die Araber die Oberhand, was zur weitgehenden Assimilation der Berber führte. Kairouan wurde religiöses Zentrum, Tunis übernahm politische Funktionen des zerstörten Karthago. Die Kalifen von Damaskus, später von Bagdad, konnten Gouverneure einsetzen. So wurden die Geschicke des Landes eng mit dem Orient verknüpft. Eine Reihe von Dynastien hatte in den folgenden Jahrhunderten die Herrschaft inne: Von 800 bis 909 waren es die Aghlabiden, die von Kairouan aus die kulturelle Entwicklung stark förderten und das Reich bis Malta, Sizilien und teilweise nach Algerien ausdehnten. Die Fatimiden (von 909 bis 972) gründeten Mahdia als neue Hauptstadt, sie erorberten 969 Ägypten, annektierten es und siedelten 973 in die neugegründete Residenz Kairo über. Die Verwaltung des Maghreb überließen sie den verbündeten Ziriden in Kairouan, die dem Land eine neue Blüte unter einer ersten berberischen Dynastie brachten. 1048 bezeichneten die Ziriden sich selbst als die Herren des Landes, was ihnen den Zorn der Fatimiden eintrug, die sich nach wie vor als die Herrscher ansahen; Glaubensgegensätze taten ein übriges. So wurde im Jahre 1057 der kriegerische Stamm der Beni Hillal geschickt, um das Land des abtrünnigen Vasallen zu verwüsten. Der Effekt: In einem Jahrzehnt wurden anderthalb Jahrtausende Entwicklung zunichte gemacht. Rund hundert Jahre Anarchie unter den Beni Hillal und eine kurze Invasion der Normannen Mitte des 12. Jh. hinterließen ihre Spuren.

Die Berberdynastie der Almohaden aus Marokko vereinigte zum ersten und einzigen Mal in der Geschichte den gesamten Maghreb. Sie setzte in Tunesien die Hafsiden (→*Djerba/Sehenswürdigkeiten*) als Verwalter ein, die sich 1236 selbständig machten und Tunis als Hauptstadt wählten. Mit Hilfe der aus Spanien geflohenen Mauren (Reconquista!) brachten sie einige Jahrzehnte blühender Entwicklung, doch dann kam es wieder zum Niedergang aufgrund von Machtkämpfen und Luxussucht.

Spanier: Die Spanier besetzten die Küstenstädte, unterlagen aber zeitweise dem Korsaren Kheireddine Barbarossa (1534).

Türken: Ihre Überlegenheit bewiesen schließlich die Türken. Tunesien kam zum Osmanischen Reich und wurde fortan von einem Bey regiert. Eine osmanische Dynastie, die Husseiniden, konnte sich zu Beginn des 18. Jh. herausbilden, sie regierte nominell bis 1957 (Ausrufung der Republik). Das Land geriet allmählich in den Bankrott.

Franzosen: Die Unwissenheit der Husseiniden, die Industrialisierung Europas, die daraus folgende Außenhandelskrise Tunesiens und andere Zeiterscheinungen brachten den Europäern immer größere Machtbefugnisse in Tunesien ein. Auf dem Berliner Kongreß von 1878 wurde Frankreich das Recht zum Einmarsch gegeben, der Bey mußte den Protektoratsvertrag unterzeichnen. Eine neue Verwaltung französischen Stils wurde aufgebaut, die ertragreichsten Ländereien gerieten in französische Hand. Die völlig verarmte einheimische Bevölkerung rebellierte 1911. Tunesien kämpfte im Ersten Weltkrieg auf der Seite Frankreichs.

1920 wurde die Destour-Partei gegründet, von den Franzosen verboten, 1934 neugegründet mit Habib Bourguiba als Geschäftsführer. Der Zweite Weltkrieg ließ Tunesien kaum eine andere Wahl, als sich weiterhin politisch an Frankreich anzulehnen. Nach mehrmaliger Verhaftung Bourguibas sowie nach Untergrundaktionen geriet Frankreich, nicht zuletzt durch die Vorgänge in Algerien, unter steigenden Druck. Am 20. März 1956 schließlich erhielt Tunesien seine Souveränität zurück.

Unabhängigkeit: Die Selbständigkeit des Landes war also ohne Bürgerkrieg erreicht worden, so daß die Beziehungen zu Frankreich in der Folgezeit weniger belastet waren als z.B. diejenigen Algeriens zu Frankreich. Schnellstens wurden freie Wahlen veranstaltet und sehr fortschrittliche Gesetze verkündet. Bourguiba wurde Präsident der Republik. Bis 1964 wurde der ausländische Grundbesitz verstaatlicht, was zur Auswanderung der meisten Europäer führte. 1969 wurde das sozialistische Wirtschaftssystem durch ein kapitalistisches ersetzt. Seit 1976 kam es wiederholt zu Streiks, die manchmal blutig niedergeschlagen wurden. Bourguiba reagierte auf die Forderungen der Bevölkerung mit Dezentralisierung und in einigen Bereichen mit Liberalisierung.
→*Politik*

Geschwindigkeitsbeschränkung

Die offizielle Höchstgeschwindigkeit in den Ortszentren ist 40 km/h, in freiem Gelände 90 km/h (nach anderen Quellen 100 km/h). Im Raum Tunis gibt es Radarkontrollen (z.B. an der Straße von Karthago zum Flughafen), über deren Meßgenauigkeit sich keine Angaben machen lassen. Es existieren wenige Geschwindigkeits-Schilder, die man aber ernst nehmen sollte, da sie oft z.B. vor einer schmalen Brücke oder einem Wadi (flaches, ausgetrocknetes Bachbett) stehen. Im großen und ganzen fährt man nach eigener Einschätzung und ohne allzu viele Reglementierungen.

Letzte Palmen am Rande der Sahara (Grand Erg Oriental) ▶

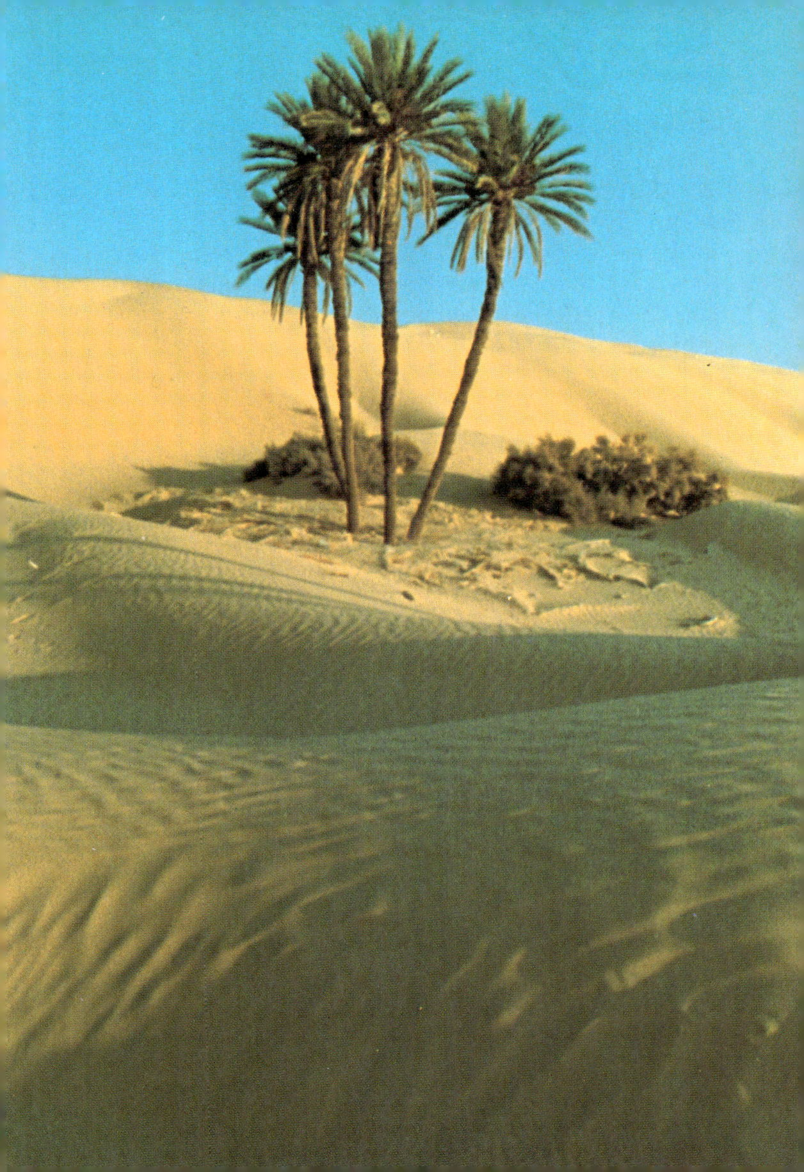

Getränke →*Essen und Trinken*

Hammamet

(Nordost-Tunesien, Halbinsel Cap Bon)
Hammamet war einst nur ein Fischerdorf an einer schönen Bucht, wurde dann aber für den Tourismus entdeckt und ist heute auf 18.000 Einwohner angewachsen. Große Hotelkomplexe, Souvenirläden, eine touristisch geprägte Altstadt bestimmen das Ortsbild. Immerhin ist Hammamet aber für einen günstigen Badeurlaub (Pauschalreise) gut geeignet.

Hammamet/**Praktische Informationen**
Ärztliche Versorgung: Krankenhaus in Nabeul (10 km), einfache Krankenstation bei der Av. de la République.
Autovermietung: in den größten Hotels und an der Av. des Nations Unies.
Bademöglichkeiten: ausgedehnter Sandstrand entlang dem Golf von Hammamet.
Banken: etliche im Zentrum, Geldwechsel auch in vielen Hotels möglich.
Camping: "Ideal-Camping" an der Av. de la République meerwärts.
Einkaufen: drei Supermärkte (z.B. ,,Magasin Général'' an der Av. de la République). Jede Art von touristischem Angebot am Ort.
Essen und Trinken: viele Restaurants für Touristen, auch solche mit europäischem Speiseplan, im Zentrum, in der Altstadt, in Hotels.
Nachtleben: eine Anzahl Diskotheken im Zentrum und in größeren Hotels.
Theater: ''Internationales Festival Hammamet'' im Juni/Juli mit einer Reihe von Aufführungen.
Unterkunft: Große Zahl von (guten) Strandhotels und Feriensiedlungen, eine Reihe z.T. einfache Hotels auch im Zentrum (Nähe

Av. de la République). Kleinere Pensionen („Alya", „Benille", „Hallous") ebenfalls an der Av. de la République.
Verkehrsverbindungen: Bahnhof am westlichen Ortsausgang. Über den nahegelegenen Knotenpunkt Bir Bou Rekba hat man Anschluß an die Hauptlinie Tunis - Sousse - Sfax, auch Züge nach Nabeul. Busse und Taxis ab Zentrum (Eingang Altstadt).
Wichtige Adressen: Touristeninformation im Centre Commercial an der Av. Habib Bourguiba, Tel. 8 04 23. Post in der Av. de la République. Polizeitstation an der Av. Habib Bourguiba.

Handeln

Handeln und Feilschen ist in Tunesien nicht so verbreitet wie in den meisten orientalischen Ländern. Viele Waren in den Geschäften haben Festpreise, auch Obst und Gemüse wird weitgehend zu einheitlichen Preisen verkauft. Selbstverständlich sollte man aber im Souvenir- und Kunstgewerbebereich (u.a. Bronze- und Kupferarbeiten, Keramik, Teppiche, Lederwaren, Stoffe) zunächst einen relativ niedrigen Preis vorschlagen. Ein Nachlaß zwischen 20 und 50 % ist durchaus erreichbar. Völlig fehl am Platze ist Handeln an Tankstellen, in Supermärkten oder bei staatlichen Dienstleistungen. Wo täglich viele Touristen auftauchen oder von selbsternannten „Guides" (Führern) hingeführt werden, muß man davon ausgehen, daß die Preise überhöht sind und oft schon einen „Schlepperlohn" enthalten.

Impfungen

Obwohl bei der Ein- und Ausreise keine Impfungen vorgeschrieben sind, sollte man je nach Versorgungsweise (Hotel, Selbstversorger etc.) die Gefahr einer Infektion bedenken und rechtzeitig vor der Reise beim Arzt oder Gesundheitsamt vorsprechen. Zur Vorsorge kommen in Betracht:

Auffrischung der Polio-Impfung alle 10 Jahre, Tetanus-Auffrischung, evtl. Typhus-Prophylaxe und Gammaglobulin-Spritze zur Verminderung der Gelbsuchtgefahr.
Alle Impfungen werden am besten in den Internationalen Impfpaß eingetragen, den man mitnehmen sollte.

Jugendherbergen →*Unterkunft*

Kairouan

(Zentraltunesische Steppe, Sahelrand)
Kairouan ist trotz seiner Lage in recht trostloser Umgebung günstig zu erreichen und Ziel vieler Tagesexkursionen von den Touristenorten an der Küste aus. Es handelt sich um eine der bedeutendsten Stadtanlagen und um das religiöse Zentrum Tunesiens - eine herausragende Sehenswürdigkeit also. Kairouan ist schon immer eine rein arabische Stadt gewesen, entstanden aus strategischen Überlegungen und in einer den nomadischen Gründern vertrauten Umgebung (verdorrte Steppenlandschaft). Kairouan hat heute rund 55.000 Einwohner und ist fünftgrößte Stadt Tunesiens.

Kairouan/**Geschichte**
Der von Ägypten herankommende Heerführer Sidi Oqba Ibn Nafi schlug hier 671 sein Lager auf (der Name ,,Kairouan'' bedeutet Lager) und gründete die Stadt als ,,Bollwerk des Islam''. Der Platz war strategisch gut gewählt: eine weite, überschaubare Ebene in hinreichender Entfernung von den Byzantinern und den Berbern. Letztere konnten die Stadt nur kurze Zeit ernsthaft bedrängen, ansonsten nahm sie einen gewaltigen Aufschwung zu einem kulturellen, politischen und religiösen Zentrum. Viele Gelehrte und Dichter stammen aus Kairouan. Erst im 11. Jh. brachten die Überfälle der Beni Hillal (→*Geschichte*) den Ruin, und Kairouan gewann seine alte Bedeutung nie mehr zurück. Allerdings ist es eine

Idylle auf der Insel Djerba: Sandstrand bei Houmt-Souk ▶

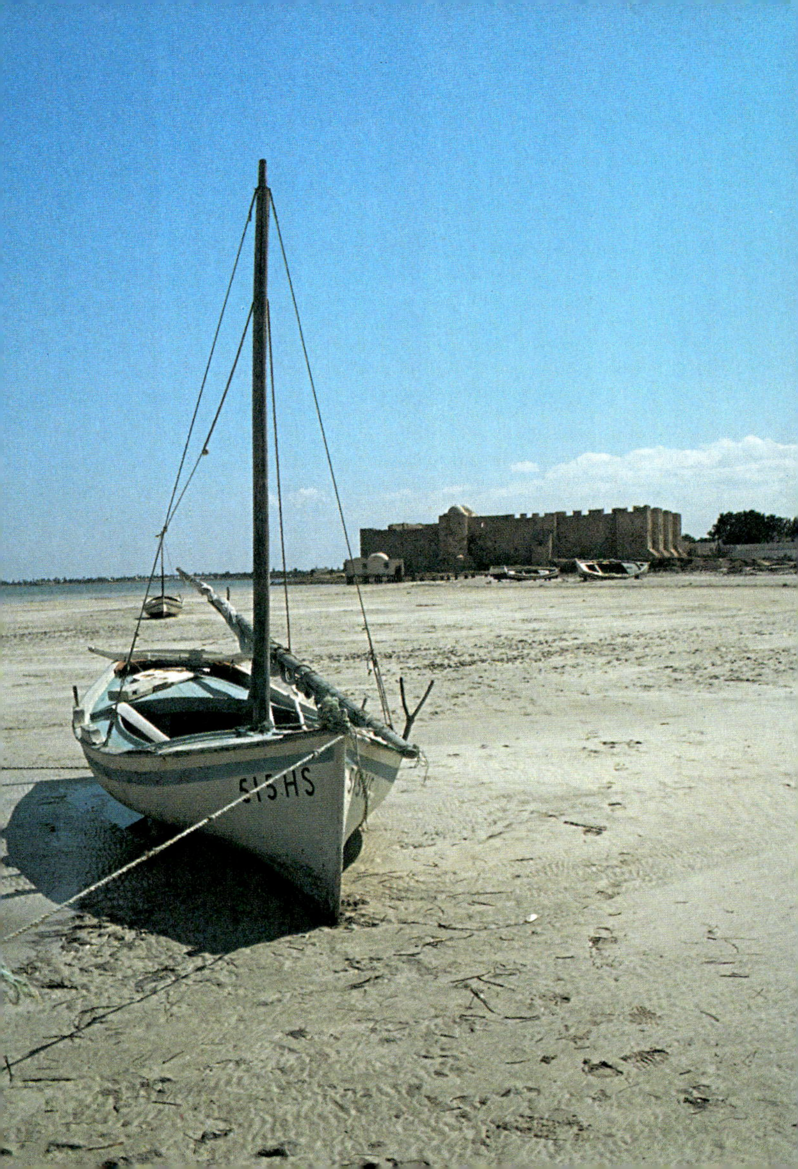
515HS

der vier heiligen Städte des Islam (neben Mekka, Medina und Jerusalem).

Kairouan/**Sehenswürdigkeiten**

Ein großer Teil der lokalen Moscheen kann nur mit einem Sammelticket besichtigt werden, das man sich zuvor im Syndicat d'Initiative kaufen muß (am Place du Commandant Mohammed el Bejaoui, vor dem südlichen Medinator *Bab ech Chouhada*). Gleich hinter dem Tor in der Altstadt liegen die Grabstätte des *Sidi Abd el Ghariane* (14. Jh.) und der Brunnen *Bir Barouta* (Kamelbrunnen), der besondere religiöse Bedeutung hat. Folgt man der Hauptachse Rue Ali Belhaouane weiter, so kommt man durch den *Souk des Tapis* (Teppichbazar) zum Medina-Nordtor *Bab et Tounes* (Tuniser Tor). Weiter östlich in der Altstadt liegt die *Moschee Tleta Bibane* (Moschee der drei Tore), die man vom Kamelbrunnen aus über die Rue de la Mosquée des Trois Portes erreicht. Das Bauwerk ist die Stiftung eines Andalusiers, erbaut 866, die Ornamente der Torbögen tragen spanische Züge. Im östlichen Zipfel der Ummauerung nimmt die *Sidi Oqba-Moschee* ein großes Areal ein. Sie trägt den Namen des Stadtgründers (→*Geschichte*); mit dem Bau wurde im Jahre 670 begonnen, fortgesetzt wurde er bis 975. Die Moschee hat sieben Tore, das Minarett soll das älteste Nordafrikas sein. Gegenüber dem Westeingang liegt das *Museum*, das u.a. kostbare Koranhandschriften aus dem 9. Jh. beherbergt. Neben weiteren, kleineren Sehenswürdigkeiten innerhalb der Medina sind die *Aghlabiden-Bassins* außerhalb der Bebauung, an der Av. de la République, zu nennen: zwei Wasserbecken von 37 m und 128 m Durchmesser aus dem 9. Jh. Ebenfalls am Stadtrand liegen zwei großartige Moscheen: die *Barbier-Moschee*, die Grabstätte eines Gefährten Mohammeds, die abends zauberhaft illuminiert ist, und die *Säbel-Moschee*, wo ein übernatürlich begabter Waffenschmied beigesetzt sein soll. Daneben lohnen noch die *Moschee Ez Zitouna* (Ölbaum-

Moschee) und die *Rosen-Moschee* einen Besuch, womit allerdings noch längst nicht all die interessanten, aber weniger berühmten Kostbarkeiten Kairouans genannt sind. Auch das Stadtbild im allgemeinen ist faszinierend. Die Bevölkerung gehört mehrheitlich zur islamisch-konservativen Richtung, die neuerdings in Tunesien wieder Zulauf erhält.

Kairouan/**Praktische Informationen**
Ärztliche Versorgung: Krankenhaus an den Aghlabiden-Bassins (Rue Ibn Jazzar, Tel. 2 01 77).
Einkaufen: Geschäfte für jeden Bedarf, montags Landmarkt. Berühmt sind die Kairouaner Teppiche, vor einem Kauf am besten erkundigen beim ONAT, Av. Ali Zouaoui im Süden der Neustadt.
Essen und Trinken: Akzeptable Restaurants beim Bab ech Chouhada oder in den Hotels.
Unterkunft: 3-Sterne-Hotel ,,Les Aghlabides'' (Rue de Fès), Jugendherberge in derselben Straße (Tel. 2 03 09). Einfachere Hotels: ,,Tunisia'' (Rue Ferhat Hached), ,,Marhala'' (Souk el Blaghia), ,,Sabra'' (Rue Ali Belhaouane).
Verkehrsverbindungen: keine Eisenbahnverbindungen. Busbahnhof im Osten der Stadt: Anschlüsse nach Tunis, Sousse, El Kef, Kasserine-Gafsa-Tozeur, jedoch keine Direktverbindung zur südlichen Küste.
Wichtige Adressen: Touristeninformation am Medina-Südtor Bab ech Chouhada, Tel. 2 04 52, bzw. in der Av. Habib Bourguiba, Tel. 2 17 97. Postamt am Südende der Av. de la République (Kreuzung). Polizei nahe der Post.

Karten

Sehr detailliert und übersichtlich ist die Michelin-Karte 172 (Algerien/Tunesien 1:1.000.000), die laufend korrigiert wird und praktisch alle Einzelheiten zeigt. Für den Autofahrer ist sie unersetzlich. Die Nordafrika-Karten der meisten anderen Verlage haben einen zu kleinen Maßstab und sind zu stark generalisiert, um den Lageverhältnissen und Gegebenheiten des verhältnismäßig kleinen Staates gerecht werden zu können. Auch die vom Tunesischen Fremdenverkehrsamt ausgegebene Karte ist nicht besonders gut, sie mag für Tagestouren von den Hotels aus genügen, wenn man bedenkt, daß die Straßenbeschilderung im Lande recht ordentlich ist. Differierende Schreibweisen mancher Ortsnamen sind mit ein wenig Erfahrung leicht zu überwinden. Beim ungarischen Verlag ,,Cartographia Budapest'' ist für 1989 eine gute Tunesien-Karte (1:1.000.000) in Vorbereitung.

Karthago

(bei Tunis)
Karthago, in Tunesien meist auf Französisch *Carthage* genannt, ist heute ein nobler Vorort von Tunis, der sich in eine Kette von Badeorten einreiht. Wer sich in Tunis aufhält, sollte in jedem Falle hierher fahren.

Karthago/**Geschichte**
→*Geschichte*

Karthago/**Sehenswürdigkeiten**
Im südlichen Teil (Carthage-Salammbô) befinden sich nahe am Meer der punische *Kriegs-* und *Handelshafen* sowie das *Ozeanographische Museum*, nahe dabei auch der *Tophet*, der heilige Bezirk, in dem jahrhundertelang den Göttern Baal, Hammon und Tanit Kinderopfer dargebracht wurden. Eine Unmenge von Grabstellen ist heute auf dem Grabungsgelände zu sehen.
Der *Byrsa-Hügel* (63 m) mit der *Kathedrale Saint-Louis* beherrscht Karthago weithin und bietet eine schöne Aussicht. Die Kathedrale stammt aus dem Jahr 1890 und ist die größte Kirche Nordafri-

Die Sidi-Oqba-Moschee ist eines der Wahrzeichens Kairouans

kas. Sie ist nach dem Kreuzfahrer Ludwig IX. benannt, der hier starb. Im Kloster dahinter befindet sich das *Nationalmuseum von Karthago* mit Ausgrabungsfunden. Jenseits des Hügels, an der Straße nach Tunis, kann man das *Amphitheater* besuchen, das allerdings weitgehend zerstört ist; in unmittelbarer Nähe sind auch der *Circus* und einige *Zisternen* zu sehen.
Unbedingt besuchen sollte man den *Archäologischen Park* zwischen Küste und Byrsa-Hügel. Hier findet man die mächtigen Relikte der *Antoninus-Pius-Thermen* und Reste von Wohnhäusern. Über die Straße Tunis-Sidi Bou Saïd gelangt man zum *Theater* (restauriert) und zu den Resten des *Odeons*. Auch eine Residenz des Staatspräsidenten Bourguiba befindet sich hier.

Karthago/**Praktische Informationen**
Es gibt einen Supermarkt an der Av. du Président Bourguiba, weiterhin ein paar Restaurants und teure Hotels. Das weitere Angebot findet man in den benachbarten Küstenorten (z.B. Le Kram, La Goulette u.a.) oder in Tunis selbst (→ *Tunis*).
Verkehrsverbindungen: Etwa 10 km zum Flughafen Tunis-Aouina (auch Tunis-Carthage genannt). Hervorragende Schnellbahnverbindung TGM (Tunis - La Goulette - La Marsa) entlang der Küste bis ins Zentrum von Tunis, alle 20 Minuten.

El Kef

(Nordwest-Tunesien, Hoher Tell)
Die Stadt El Kef mit knapp 30.000 Einwohnern liegt in ca. 800 m Höhe am Hang des Djebel Dyr. El Kef (auch: Le Kef) ist ein wichtiger Marktort. Die punische Gründung hieß Sicca Veneria.

El Kef/**Sehenswürdigkeiten**
Ein Gang durch die Altstadt, wo an vielen Stellen Handarbeiten verrichtet werden, ist recht interessant. Die *Große Moschee* mit

kreuzförmigem(!) Grundriß und die *Moschee Sidi Bou Makhlouf* sind sehenswert. Es gibt oberhalb des Wohnbezirkes auch eine *Kasbah* (Festung) und ein Präsidentenpalais. Beeindruckend ist ein Besuch im gegenüberliegenden Volkskunstmuseum (*Zaouia Sidi Ali Ben Aissa*).

El Kef/**Praktische Informationen.**
Ärztliche Versorgung: Krankenhaus im Ort (Tel. 3 21 34).
Bank: an der Av. Habib Bourguiba.
Einkaufen: donnerstags Markt mit großem Einzugsbereich.
Unterkunft: "La Source" (Rue de la Source) mit bekanntem Café; Pension "Oussama". Jugendherberge (Rue Gamoudi, Tel. 2 03 07).
Verkehrsverbindungen: Eisenbahn nur für Güterverkehr. Wichtiger Busbahnhof unterhalb der Neustadt: Anschlüsse in fast alle Ortschaften der Umgebung sowie nach Tunis, Kairouan, Kasserine; Verbindung zur algerischen Grenze (Sakiet Sidi Youssef).

Kerkennah-Inseln

(nahe der Küste bei Sfax)
Es handelt sich bei den Kerkennah-Inseln um einen Archipel aus den beiden flachen Hauptinseln *Chergui* (42 km lang) und *Gharbi* (15 km lang), die mittels eines Damms verbunden sind, sowie vielen kleinen Eilanden. Die rund 14.000 Einwohner leben von einer ärmlichen Landwirtschaft, die unter Wassermangel leidet, sowie vom Fischfang (Tintenfische) in den seichten Küstengewässern. Jedoch ist ein großer Teil der arbeitsfähigen Männer gezwungen, auf dem Festland eine Arbeit zu suchen. Es gibt auf den Kerkennahs keine sogenannten Sehenswürdigkeiten, doch zieht es eine zunehmende Zahl von Badeurlaubern hierhin.

Kerkennah-Inseln/**Praktische Informationen**
Ärztliche Versorgung: Krankenstation im zentral gelegenen Ort Remla.
Bademöglichkeiten: An vielen Stellen schöne Sandstrände, auch für Unterwassersport geeignet.
Banken: in Remla
Camping: Strandplatz bei Sidi Fredj
Einkaufen: die besten Möglichkeiten hat man in Remla, wo es auch eine Tankstelle gibt, sowie in Mellita und El Attaia.
Essen und Trinken: Cafés und Restaurants in Sidi Youssef, Mellita, Sidi Fredj, Remla, El Attaia.
Unterkunft: in den meisten Orten einfache Unterkunftsmöglichkeiten, Feriendorf und bessere Hotels bei Sidi Fredj.
Verkehrsverbindungen: Autofähre zwischen Sfax und Sidi Youssef 2 bis 5 x täglich. Auskunftsbüro (SOMVIK) in Sfax, 34, Rue Alexandre Dumas (Tel. 2 36 15 und 2 22 16). Der Fahrpreis für die einstündige Überfahrt ist gering. Auf den Inseln Busverkehr von Sidi Youssef bis El Attaia.
Sonstiges: Polizeistation in Sidi Youssef.

Kinder

Für einen Urlaub mit Kindern sind die tunesischen Hotelanlagen recht gut geeignet, und das meist hervorragende Wetter läßt kaum Probleme aufkommen. Die Bevölkerung ist grundsätzlich kinderfreundlich. Die ungewohnte Umgebung außerhalb der Touristenanlagen (z.B. Straßenverkehr, Orientierung in der Altstadt etc.) erfordern natürlich ständige Begleitung. Die Benutzung der oft überfüllten öffentlichen Verkehrsmittel kann ebenfalls zum Problem werden.

Kleidung

Von April bis Mitte November ist luftige Sommerkleidung aus Baumwolle sinnvoll. Für den milden Winter reicht ein leichter Man-

▲ Im noblen Tuniser Villenvorort Carthage

▼ Am frühen Morgen ist noch keine Hektik spürbar: Moschee und Hafen in Sousse

tel oder Regenmantel aus. Eine Kopfbedeckung sollte nicht fehlen, man kann aber in Tunesien einen Strohhut preiswert kaufen. Die Kleidung darf einfach und lässig sein, der Durchschnittstunesier hat ohnedies nicht die Mittel, um Elegantes zu tragen. Im Hinblick auf die Landessitten ist es ratsam, Badehose oder Bikini, u.U. auch Shorts, nur am Strand zu tragen, wo Touristen unter sich sind. Wegen der intensiven Sonneneinstrahlung wird man ohnehin auch lange Hosen und Ärmel bald zu schätzen wissen. Wer sich nicht ausschließlich am Strand oder in der Stadt aufhalten will, sollte auch ein Paar feste Schuhe, einen Pullover oder eine Strickjacke sowie eine Umhängetasche dabeihaben.

Klima

Das Klima der einzelnen Landesteile ist recht unterschiedlich. Der Norden und die Region Tunis haben typisches Mittelmeerklima mit milden Wintern, allerdings zum Teil hohen Niederschlägen im Gebirge. Regen in den Sommermonaten ist hier eine Seltenheit.
Die Ostküste unterliegt bereits kontinentalem Klimaeinfluß, d.h.: weniger Niederschläge bei etwas größeren Temperaturschwankungen. Das flache Binnenland, vor allem der Südteil, ist außerordentlich trocken, und es wird im Sommer sehr heiß. Manchmal weht der *Shirocco*, ein heißer Wüstenwind, der aber immer noch angenehmer ist als der von der Küste kommende *Chergui*, dessen feuchte Luft eine drückende Hitze hervorruft.
Sieht man einmal von den höheren Gebirgszügen ab, so muß man kaum mit nennenswerten Regenfällen rechnen. Kältere Winter gibt es nur im Binnenland. Mittlere Sonneneinstrahlung im Juli ist durchweg 12 Std./Tag. Die Wassertemperaturen schwanken von etwa 15 °C im Januar bis ca. 26 °C im August.

Temperaturen
(Angaben in Grad Celsius; mittlere Werte)

	Nordküste	Raum Tunis	Sousse (Sahel)	Djerba	Tozeur
Jan.	11	11	11	12	11
Feb.	11	12	12	14	12
März	13	13	14	16	16
April	15	16	16	19	20
Mai	19	19	19	21	24
Juni	23	24	23	24	29
Juli	25	26	26	27	32
Aug.	26	27	26	28	32
Sep.	24	25	25	26	29
Okt.	20	20	21	23	22
Nov.	16	16	16	18	16
Dez.	12	12	12	13	12

Reisezeit
Klimatisch günstige Voraussetzungen zur Reise sind im Prinzip ganzjährig gegeben, solange man nicht gerade im Winter in den Hohen Tell fährt. Badeaufenthalte an der bevorzugten Ostküste sind von April bis Oktober empfehlenswert. Hauptsaison ist hier Juni bis September. Wer eine ausgedehnte Tour per Auto durch das Land vorhat, sollte die Monate März bis Mai oder September/ Oktober ins Auge fassen, da im Hochsommer die Temperaturen im Binnenland und am Sahara-Rand unerträglich hoch werden können, lokal um die 45 ºC. Für längere Aufenthalte in den Oasen am Chott el Djerid oder für Wüstenfahrten kommt der Winter am ehesten in Frage. Die insgesamt attraktivste Jahreszeit ist das Frühjahr. Dann ist das Land relativ grün und macht einen besonders freundlichen Eindruck.

Konsulate

Tunesien unterhält neben der Botschaft noch drei Konsulate in der BR Deutschland:
- Graf-Adolf-Platz 78, 4000 Düsseldorf, Tel. 02 11/37 10 07-08
- 2000 Hamburg 76, Tel. 0 40/2 20 17 56
- Adamstr. 4, 8000 München, Tel. 0 89/18 00 12-13

Konsulat in der Schweiz:
- 58, Rue de Moillebeau, Ch-1209 Genève, Tel. 0 22/34 84 50.

→Botschaften

Krankenhäuser

In Tunis gibt es eine Reihe guter Krankenhäuser und Spezialkliniken. Die regionalen Krankenhäuser der größeren Gouvernoratshauptstädte (Sousse, Sfax, Monastir, Bizerte, Kairouan etc.) sind auch relativ ordentlich ausgestattet.

Wichtige Spezialkliniken in Tunis:
Blutspendezentrum und Notdienst: Krankenhaus Aziza Othmana, Place du Gouvernement/Kasbah, Tel. 01/26 03 84 und 26 19 20
Kinderkrankenhaus, Bab Saadoun, Tel. 01/26 22 55
Nationales Orthopädiezentrum, Kasr Saïd, Tel. 01/22 03 88
Pasteur-Institut (bei Schlangenbiß!), Place Pasteur/Belvédère, Tel. 01/28 30 22
für Impfungen: 52, Rue d'Allemagne, Tel. 01/24 16 43
Auf dem Lande gibt es fast nur sehr einfache Krankenstationen (Dispensaires).

→*Städte/Ärztliche Versorgung*

Krankenscheine

Zwischen Deutschland und Tunesien besteht ein Abkommen über

Alltag in Tunesien: Männer treffen sich zum Plausch ▶

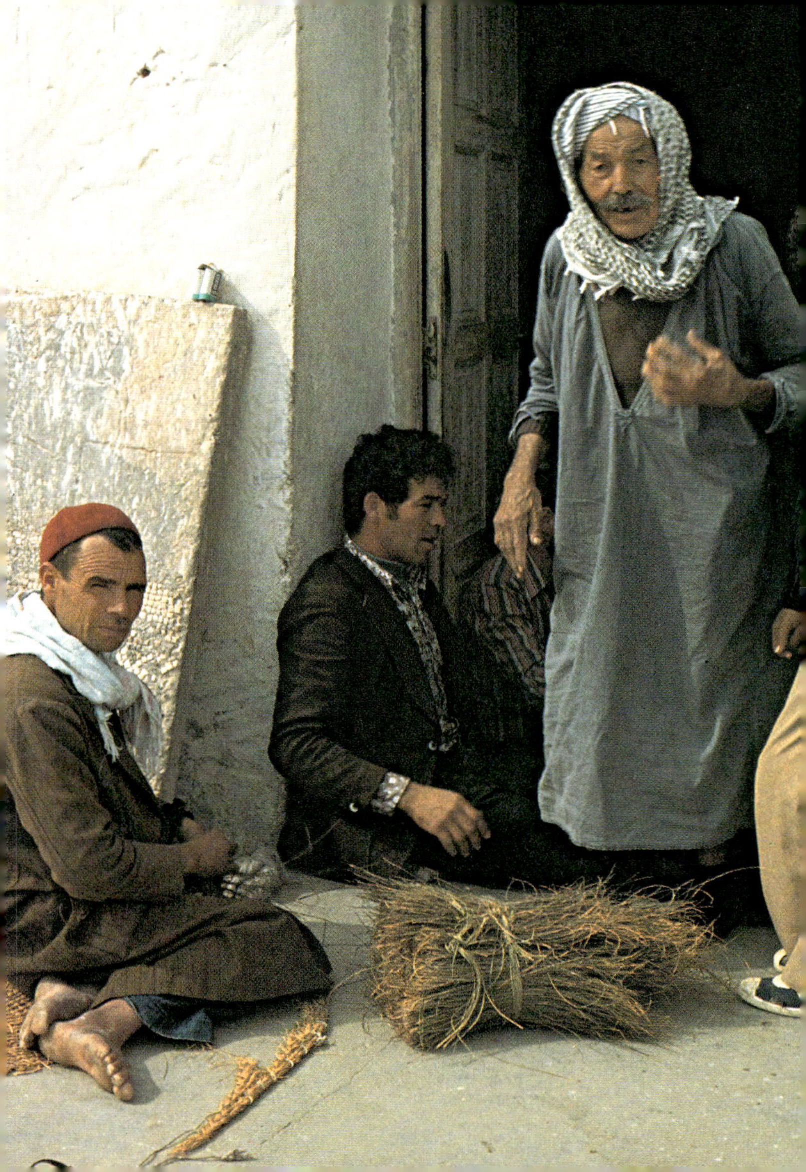

soziale Sicherheit, d.h., daß die deutsche Krankenkasse auch für Behandlungen in Tunesien aufkommt.

Dies ist aber nur möglich, wenn sich der Versicherte vor der Reise eine Anspruchsbescheinigung (Vordruck TN/A11 oder 12) ausstellen läßt. Die tunesische Krankenkasse, die Caisse Nationale de Sécurité Sociale (CNSS) in Tunis, 12, Av. de Madrid, gibt gegen Vorlage dieser Bescheinigung und des Reisepasses den Behandlungsausweis (Carte de soins payants) aus.

Wer den Behandlungsausweis nicht hat, wird jedoch auch behandelt, wenn er die Anspruchsbescheinigung und seinen Reisepaß vorlegt. Medikamente erhält der Patient kostenlos vom Arzt, wenn diese auf der tunesischen amtlichen Arzneimittelliste aufgeführt sind. Die Kosten für Arzneien, die aus der Apotheke bezogen werden, müssen vom Patienten getragen werden. **Grundsätzlich muß eine geringe Eigenbeteiligung - zwischen 2 und 10 DM - geleistet werden.**

Weitere Informationen sollte man vor der Abreise bei seiner Krankenkasse einholen.

Kriminalität

Über Verbrechen in Tunesien gibt es wenig besorgniserregenden Meldungen, mag einem auch mancher Winkel etwas zwielichtig erscheinen. Zwar ergibt sich bei allzu großer Sorglosigkeit seitens der Touristen Gelegenheit zu Diebstählen; Überfälle und besonders grausame Verbrechen sind äußerst selten. Die Verhältnisse in Tunesien sind eher besser als in vielen klassischen Urlaubsländern Europas. Abseits der Touristenströme ist am wenigsten zu befürchten. Kleineren Betrügereien kann man entgehen, indem man Preise für Dienstleistungen unbedingt vorher aushandelt und das Wechselgeld immer an Ort und Stelle nachzählt.

→*Botschaften, Diebstahl, Konsulate, Notfall, Polizei, Verhalten*

Kultur

Literatur: Tunesiens großer Literat und Wissenschaftler war Ibn Khaldoun (1332-1406). Er verfaßte eine Reihe historischer, philosophischer und theologischer Schriften, deren berühmteste die ,,Muqaddima'' (soziologische Betrachtungen über Herrschaft) ist. In vielen anderen tunesischen Werken zeigt sich deutlich eine Synthese aus arabischer Fabulierkunst und islamischer Lehre. Seit dem 12. Jh., unter der Herrschaft der Almohaden, verbreiteten sich Wissenschaft und Literatur von der damals berühmtesten Universität Kairouan aus bis nach Mitteleuropa. Tunis besaß lange Zeit eine kostbare Bibliothek, die aber den spanischen Angriffen zum Opfer fiel. Die höfische Literatur geht auf persische Formen zurück, während Europa damals nur wenig Einfluß auf die Dichtkunst des Landes ausübte; eher die umgekehrte Beeinflussung war der Fall. Eine spezifisch tunesische Literatur, die sich mit der Realität des heutigen Staates auseinandersetzt, ist aus dem Unabhängigkeitskampf hervorgegangen, Autoren sind Qassem ech Chabbi, Mahmoud Messadi u.a.

Architektur: Die größte Rolle in der Architektur des Landes spielt zweifellos die islamische Sakralarchitektur, die in Kairouan, Mahdia und Tunis ihre Höhepunkte zeigt. Die Moscheen haben meist einen geräumigen Innenhof mit Reinigungsbrunnen. Die Form des Minaretts, die in den einzelnen Ländern des Orients stark variiert, zeigt in Tunesien einen quadratischen Grundriß; die Minarette wirken gedrungen und sind oft mit Ornamenten geschmückt, vor allem bei jüngeren Bauwerken. An manchen Orten ist jedoch auch die türkische Form zu finden (z.B. in →*Bizerte*). Die meisten Moscheen auf Djerba besitzen Festungscharakter. Stadtmauern und gewaltige Stadttore, Badehäuser, Paläste und Parkanlagen zeugen überall von vergangenen Blütezeiten arabischer Kultur: Gute Beispiele sind die Stadtbilder von Kairouan, Sfax, Mahdia u.a. oder die Palastruinen von La Mohammédia (südlich von Tunis). An der Küste, vor allem im Sahel (Sousse, Monastir), gibt es eine Reihe von Ribats (Wehrklöstern), während es Marabouts (Grabstätten lokaler Heiliger) fast überall im Lande gibt, besonders auffallend in den westlichen Oasenorten.

Kunsthandwerk: Auf diesem Gebiet gibt es in Tunesien etliche, regional begrenzte Ausrichtungen. Besonders bekannt ist die Teppichknüpferei, eine Domäne der Frauen und leider gar nicht selten auch Kinderarbeit. Die wichtigsten Herstellungsorte sind Kairouan und Gafsa, aber auch das nördliche Bergland, der Sahel und

Gabès. Flechtwaren wie Körbe, Hüte oder Matten kommen aus Hergla bei Sousse, Djerba und Nabeul. Die Lederverarbeitung ist aus Marokko übernommen worden, ebenso die Kupferverarbeitung (Teller, Kannen). Töpferei (auf Djerba) und Keramik (in Nabeul) sind ebenfalls im Touristengeschäft florierende Gewerbe. Neben Krügen, Tellern, Figuren haben Kacheln (ursprünglich als Azulejos aus Spanien übernommen) einen hohen Qualitätsstandard. Wenn auch abseits der Touristenströme gelegen, so hat auch der Norden des Landes eine eigene Handwerkstradition: Korallenschmuck aus Tabarka, Olivenholzschnitzereien und Intarsien aus Bizerte und Umgebung. Die Silber- und Filigranarbeiten waren Spezialgebiet der Berber, Goldschmuck vor allem der Juden.

Musik, Tanz, Trachten →*Folklore*

Literatur

Seit vielen Jahren existiert eine ganze Reihe von Werken über Tunesien, die sich teilweise auf französische Vorarbeiten stützen können. Um sich einen ersten Eindruck über das Reiseziel zu verschaffen, sollte man das *Sympathie-Magazin Nr. 4 ,,Tunesien''* beim Studienkreis für Tourismus e.V., Dampfschiffstr. 2, D 8130 Starnberg, (Tel. 0 81 51/30 89) anfordern. Es ist sehr einfühlsam

geschrieben und informativ, und es wird gegen Einsendung von 3 DM in Briefmarken zugeschickt. Aus der *Merian-Reihe* kommt das Heft 10/XXXII (1979) für einen Überblick in Betracht.
Reiseführer: Von den vielen, meist in Verlagsreihen erschienenen Tunesien-Führern sollen hier nur einige genannt werden, die erst nach 1983 in erster Auflage erschienen sind und sich deshalb durch besondere Aktualität auszeichnen.
Hervorragend in Aufmachung und Darstellung ist der Band *Richtig reisen: Tunesien* von M. Köhler in der DuMont-Reihe (ca. 32 DM). Ohne Fotos, doch sehr handlich und präzise ist der vor kurzem erschienene *Grieben-Band 299: Tunesien* (ca. 15 DM). Auch der *Große Polyglott Tunesien* ist ein neues Buch, geschrieben nach einem bewährten Konzept, wobei hier die praktischen Informationen recht umfangreich ausfallen (ca. 20 DM). Der neue *Syro-Band 47 Tunesien* von K. Schameitat und B. Kirchhof wurde besonders für Auto- bzw. Wohnmobilfahrer recherchiert und berücksichtigt in hohem Maße die Landeskunde und Geographie (24,80 DM). Für 1989 wurde außerdem aus der Reihe *Reise Knowhow* ein Tunesien-Band von B. Rausch (29,80 DM) angekündigt.
Ein paar Jahre älter ist der *DuMont-Kunstreiseführer Tunesien* von H. Strelocke, der sehr detailliert die klassischen Sehenswürdigkeiten darstellt, aber nur knapp auf die Probleme des (Reise-) Alltags eingeht (ca. 32 DM).
Hintergrundwissen: Wer sich genauer mit den wirtschaftlichen, sozialen und landschaftlichen Gegebenheiten Tunesiens auseinandersetzen möchte, benutzt am besten das Standardwerk *Tunesien - eine geographische Landeskunde* von H. Mensching (Wissenschaftliche Buchgesellschaft). In etwas geringerem Umfang und exemplarischer dargestellt wird das Land in *Tunesien - ein Entwicklungsland im Maghrebinischen Orient* von P. Frankenberg (Klett). Ausgezeichnet ist auch die noch sehr neue *Ländermonographie Bd. 14 Tunesien*, herausgegeben von K. Schliephake (Thienemann). In familiäre, bildungspolitische und

sonstige gesellschaftliche Probleme gibt I. Richter-Dridi Einblick mit ihrem Buch *Frauenbefreiung in einem islamischen Land - ein Widerspruch? - Das Beispiel Tunesien*(Fischer TB 3717).
Sprach- und Wörterbücher: Neben einem Taschenwörterbuch Französisch und evtl. dem dünnen *Polyglott-Sprachführer (Band 127) Tunesisch-Arabisch* wird man kaum etwas benötigen, besonders wenn man ein wenig Französisch beherrscht.
→*Sprachführer*

Märkte →*Einkaufen*

Mahdia

(Ost-Tunesien, Küste des Sahel)
Von 921-72 war Mahdia Hauptstadt des Fatimiden-Reiches, heute ist die 27.000-Einwohner-Stadt lediglich der bedeutendste Fischereihafen des Landes. Reizvoll auf einer Landzunge gelegen, mit Steilabfall zum Mittelmeer, ist Mahdia bislang vom Tourismus noch nicht so recht erorbert worden, obwohl sich die großen Hotelanlagen von Sousse und Monastir in weniger als 50 km Entfernung befinden.

Mahdia/**Geschichte**
Im Jahre 913 vom Fatimidenherrscher Obeid Allah in günstiger Lage gegründet, erlebte Mahdia eine wechselvolle Geschichte. Der Name basiert auf Obeid Allahs Beinamen ,,Mahdi'' (der Retter, nämlich der schiitischen Religion). Nachdem Mahdia den Rang als Hauptstadt des Reiches 972 an Kairo einerseits und Kairouan andererseits (→*Geschichte*) abtreten mußte, blieb es immerhin vor der Zerstörungswut der Beni Hillal-Krieger verschont, die im Auftrag der Fatimiden eine Strafaktion gegen die im Lande herrschenden Ziriden unternahmen. Schließlich rächten sich die überfallenen Ziriden jedoch an den in Mahdia verbliebenen

Fatimiden und zerstörten selbst eine ganze Reihe von deren Palästen. Nach einigen Überfällen aus Europa nahm Mahdia die Rolle eines Piratennestes an und kam 1554 für mehr als dreihundert Jahre unter türkische Herrschaft.

Mahdia/Sehenswürdigkeiten
Hauptsehenswürdigkeit ist das Stadttor *Skiffa el Khala* („dunkles Tor"), einst einziger Zugang der durch die Stadtmauer abgeschnürten Halbinsel. Wenn man das Tor durchschritten hat, kann man der Hauptstraße Rue Obeid Allah el Mahdi folgen und stößt dann auf die *Große Moschee* aus dem 10. Jh., die zwar keine besondere Ornamentik aufweist, aber dennoch höchst imposant wirkt. Nach Orginalbauplänen hat man das Bauwerk in den 60er Jahren restaurieren können. Im weiteren Verlauf steigt die Straße an und führt zur *Kasbah* (Festung, *Bordj el Kebir*). In der nahen Umgebung befinden sich ferner: der *fatimidische Hafen*, der *Leuchtturm auf Cap Africa* und die Gassen der *Altstadt*. Der neue Ortsteil vor der Stadtmauer ist uninteressant.

Mahdia/Praktische Informationen
Ärztliche Versorgung: Krankenhaus an der Av. Habib Bourguiba (Neustadt, neben Post und Polizei), Tel. 8 16 00.
Autovermietung: in der Av. Mendès-France vor dem Stadttor.
Bademöglichkeiten: Sandstrand nördlich der Neustadt (Av. Tahar Sfar stadtauswärts) gelegen.
Banken: in der Neustadt (Av. Habib Bourguiba, Av. Mendès-France).
Camping: evtl. möglich bei den Hotels am Strand (Av. Tahar Sfar) oder in ruhiger Lage bei der Jugendherberge in La Chebba (33 km südlich an der Küste).
Einkaufen: ONAT an der Av. Taieb Mehiri, Supermarkt an der Av. Habib Bourguiba, freitags Markt. Die Textilien der lokalen Webereien haben große Bedeutung im Land.

Essen und Trinken: etliche Restaurants am südlichen Küstenabschnitt/Hafen.
Unterkunft: Strandhotels ,,El Mahdi'' und ,,Sables d'Or'' am nördlich der Stadt gelegenen Strand. Einfache Unterkünfte an der Av. Ferhat Hached und Av. Taieb Mehiri (Neustadt Süd). Jugendherberge in La Chebba (33 km südlich).
Verkehrsverbindungen: Busbahnhof am Hafen, gute Verbindungen in alle größeren Orte des Sahel (Sousse, Monastir, El Djem, Sfax u.a.) und darüber hinaus. Keine Zugverbindung.
Wichtige Adressen: Touristeninformation am Place Sidi Mtir (durch das Stadttor), Tel. 8 17 00. Postamt und Polizei an der Av. H. Bourguiba.

Maktar

(Mittel-Tunesien, zwischen Kairouan und El Kef)
Das Ruinenfeld des römischen Mactaris findet man auf einem 900 m hohen Plateau am Südrand des nordtunesischen Berglandes (Dorsale). Unter Marc Aurel (im Jahre 180) wurde es Colonia, doch widerstand die Siedlung, weit im Landesinnern gelegen, dem mehrmaligem Ansturm der arabischen Eroberer nicht. Der heutige Ort, der erst vor hundert Jahren bei den Ruinen gegründet wurde, hat mit 7000 Einwohnern einige Bedeutung als ländliches Zentrum (montags Markt). Die Verkehrsanbindung ist befriedigend, da Maktar an einer wichtigen Fernstraße liegt. Zu besichtigen sind u.a.: der Triumphbogen am Ortsrand, unweit davon Museum und Ausgrabungsgelände mit Forum, Trajansbogen, Schola, eine punische Nekropole sowie die äußerst beeindruckenden Großen Thermen. Die Karte verzeichnet in der näheren Umgebung von Maktar noch eine ganze Reihe spärlicher Ruinenfunde: *Zama minor, Ksour Toual, Kbor-Klit, El Ksour, Zannfour, Ellès und Medeina*. Diese Stätten sind z.T. schwer zugänglich.

Maße und Gewichte

Überall im Land werden die Einheiten Meter, Liter und Kilogramm verwendet, so daß man keine unbekannten Maßeinheiten umrechnen muß. Auch sind die in Europa gebräuchlichen Ziffern üblich.

Matmata

(Südost-Tunesien, 40 km südlich von Gabès)
Matmata ist ein Dorf aus Wohnhöhlen. Wenn man von Norden kommt (Nouvelle Matmata), erkennt man anfangs kaum irgendwelche Behausungen in der Berglandschaft, die nur von einer kargen Vegetation überzogen ist, aber punktuelle bzw. linienhafte Nutzung (Oliven, Feigen) erlaubt. Der Ort hat sich längst auf den Tagestourismus eingestellt, zumal die Exkursionsbusse aus Djerba kaum länger als drei Stunden hierher benötigen. Konkrete Sehenswürdigkeiten gibt es nicht, es ist vielmehr das Dorf als Ganzes mit seinen zahlreichen, bis 10 m tiefen Wohntrichtern, das die Touristen anlockt. Man kann immer irgendeine Wohnhöhle besichtigen, um einen Eindruck von einem völlig fremdartigen Alltag zu bekommen. Scharen von Kindern bieten sich bei der Ankunft an, dem Besucher die Höhle ihrer Familie zu zeigen - gegen einen Obulus, versteht sich!

Matmata/**Praktische Informationen**

Einige z.T. originelle Restaurants und Cafés; Höhlenhotel ,,Marhala'', Post, Einkaufsmöglichkeiten, Tankstelle u.a. in der planmäßig angelegten Siedlung Nouvelle Matmata. Von dort auch Busverbindung nach Gabès. Mit Taxis oder Louages ist gelegentlich auch die Weiterfahrt nach Tamezret, Toujane oder in andere Berberdörfer möglich. Die Gebirgspiste nach Médénine ist mit PKWs kaum befahrbar!

Médénine

(Südost-Tunesien, nahe der Insel Djerba)

Als einer der bislang 18 Gouvernoratssitze (Regionalverwaltungen) Tunesiens war Médénine allein für ein Drittel der Staatsfläche zuständig: nämlich den gesamten saharischen Süden, das Dahar-Gebirge, die Insel Djerba und die Djeffara-Küstenebene an der libyschen Grenze. Erst 1985 wurde das administrative Gebiet weiter aufgeteilt. Médénine ist historisch eher unbedeutend, es ist als Markt- und Verwaltungsort Oberzentrum eines weithin menschenleeren Gebietes, Durchgangsstation für den Verkehr nach Libyen und für die Touristen, die Berberdörfer im Dahar-Gebirge (→*dort*) besuchen möchten. Eine besuchenswerte Sehenswürdigkeit von Médénine ist der Ghorfa-Komplex (Speicherburgen der Nomaden). Einst mit weit über 5000 tonnenartigen, jeweils zu mehreren aufeinandergebauten Speichern geradezu riesig, ist der davon verbliebene Rest eher dürftig anzusehen. Aber der Ausbau des Ortes auf Kosten dieser einmaligen Anlage schien erst beim Auftauchen der Touristen neu bewertet worden zu sein.

Médénine/**Praktische Informationen**

Wer über Médénine hinaus in die Wüste will (→*Sahara*), findet im Ort noch einmal alle wichtigen Einrichtungen. Mit Ausnahme einiger Versorgungsmöglichkeiten in Foum Tatahouine ist man hinter Médénine weitgehend auf sich selbst gestellt. In Médénine gibt es ein Krankenhaus (Tel. 4 00 44), einen ONAT-Kunstgewerbeladen, Unterkünfte, Banken, Tankstellen, Polizei, Restaurants u.a. Markttage sind Mittwoch und Donnerstag. Weberei und anderes Handwerk ist verbreitet.

Verkehrsverbindungen: Busse vom südlichen Ortsrand nach Gabès, Foum Tatahouine, zur Insel Djerba und nach Tripolis/Libyen. Kleinere Orte per Sammeltaxi.

Médenine/**Umgebung**
Weitere Ghorfa-Anlagen (Speicher), allerdings weniger gut restauriert, findet man in *Metameur* (5 km nordwestlich) und *Ksar Djouamâ* (auch *Ksar Joumaa*, 30 km südwestlich); außerdem das Höhlendorf *Beni Kheddache* (auch *Beni Kdech* o.ä.). Am Meer liegt die römische Ruinenstätte *Gightis* (28 km nordöstlich).

Medikamente →*Ärztliche Versorgung; Apotheken; Impfungen; Reiseapotheke*

Medizinische Versorgung →*Ärztliche Versorgung; Impfungen; Krankenhäuse; Krankenscheine; Reiseapotheke*

Monastir

(Ost-Tunesien, Küste des Sahel)
Monastir ist eigentlich nur einer aus einer ganzen Reihe größerer Orte im mittleren Küstenabschnitt. Da Monastir jedoch Geburtsort des populären Präsidenten Habib Bourguiba (geb. 1903) ist, schenkten die Planer der Stadt besondere Aufmerksamkeit. Man kann es auch anders sagen: Eine arabische Altstadt kann kaum steriler, aufgeräumter wirken als die von Monastir! Fremdenverkehr ist die wichtigste Einnahmequelle, ständig werden neue Hotels errichtet. Das Stadtbild erscheint dem Betrachter künstlich.

Monastir/**Geschichte**
In der Vergangenheit gab es eine römische Siedlung, Ruspina, die relativ unbedeutend blieb. Im 9. Jh. wurde Monastir Wallfahrtsort für Moslems, war von 1539-49 von Spanien besetzt, danach

türkische Festung. Während des französischen Protektorats fand Monastir wenig Beachtung.

Monastir/**Sehenswürdigkeiten**
"Ursprüngliche orientalische Atmosphäre" wird man vergeblich suchen, dennoch ergeben das prachtvolle *Bourguiba-Mausoleum* gegenüber dem islamischen Friedhof, der *Ribat* (Wehrkloster) an der Strandpromenade und die 1963 errichtete *Bourguiba-Moschee* nebenan ein imposantes Bild. In der Altstadt (Medina) steht auch noch das *Bourguiba-Geburtshaus*.

Monastir/**Praktische Informationen**
Ärztliche Versorgung: Krankenhaus in der Av. Ferhat Hached, Tel. 6 11 41.
Autovermietung: in der Av. Habib Bourguiba (Strand) und am Flughafen Monastir-Skanès.
Bademöglichkeiten: an den Klippen im Norden der Stadt bzw. bei den Hotels in Skanès.
Banken: an mehreren Stellen in der Stadt.
Camping: an den Klippen im Norden der Stadt möglich, wenn auch nicht offiziell vorgesehen.
Einkaufen: Supermärkte an der Rue de l'Indépendance, beim Ribat und an der Markthalle. ONAT-Laden gegenüber der Bourguiba-Moschee. Weitere gute Geschäfte im Bereich der Altstadt-Achse Rue de l'Indépendance und Rue des Tripolitains. Markt freitags neben dem Kongreßpalast.
Essen und Trinken: eine größere Zahl guter bis gehobener Restaurants an der Strandpromenade und in Teilen der Medina.
Nachtleben: verschiedene Discos u.ä. an der Strandpromenade und in vielen Hotels, auch mit Folkloredarbietungen.
Unterkunft: Feriendorf ,,Club Méditerranée'' in Skanès, verschiedene Hotels an der Küstenstraße sowie einfache Unterkünfte in

der Medina. Große Touristenkomplexe am Strand bei Skanès. Jugendherberge nahe der Av. de la République (Tel. 6 21 26).
Verkehrsverbindungen: Busbahnhof an der Av. de la République (westlich der Medina), Anschlüsse zu allen Orten im Sahel und nach Tunis. 1986 wurde zwischen Monastir und Sousse die erste Teilstrecke eines neuen Verkehrssystems (das erste seiner Art in Afrika) eröffnet: die ,,Métro léger du Sahel'' (eine Art S-Bahn mit ungarischem Wagenmaterial). Flughafen Monastir-Skanès mit Linienflügen u.a. nach Frankfurt, Amsterdam, Brüssel und innertunesischen Zielen (Auskunft Tel. 6 13 17).
Wichtige Adressen: Touristeninformation am Flughafen und in der Rue de l'Indépendance. Post südlich der Stadtmauer, nahe bei den Markthallen, Polizeistation auch dort.

Nabeul

(Nordost-Tunesien, Halbinsel Cap Bon)
Die Stadt Nabeul ist der ruhigere Teil der 10 km langen Strandzone Hammamet-Nabeul. Hier gibt es weniger Sehenswertes, dafür auch weniger Touristen. Die Töpferei und Kachelherstellung von Nabeul sind berühmt, in den benachbarten Dörfern Beni Khiar und Dar Chaabane (an der Route nach Kelibia) sind weitere Zentren des Kunsthandwerks. Landschaftlich beeindruckend ist die gesamte *Halbinsel Cap Bon:* üppige Vegetation, kleine Felsbuchten, Fischerdörfer, auch Badestrände. Nahe der Ostspitze liegt die punische Ruinenstätte von *Kerkouane*, im Norden das Thermalbad *Korbous*.

Nabeul/**Praktische Informationen**
Ärztliche Versorgung: Regionales Krankenhaus, Av. Habib Thameur (Tel. 8 50 17).
Autovermietung: an der Av. Habib Bourguiba.
Bademöglichkeiten: Sandstrand hinter den Hotelanlagen.

Camping: offizieller Platz ,,Les Jasmins'' am westlichen Ortseingang.
Einkaufen: ONAT-Zweigstelle am westlichen Ortseingang (Av. Habib Thameur) und an der Av. Ferhat-Hached; dort auch SB-Geschäfte. Zahlreiche Werkstätten und Töpferläden in den Souks (Bazare). Freitags Markttag.
Unterkunft: Gute Hotels (aber keine Luxusklasse) am Strand entlang bis nach Hammamet. Zwei Feriendörfer (,,Club Farah'', ,,Monia Club''). Pensionen vor allem im Westen der Stadt. Jugendherberge beim Hotel ,,Riadh'' (Tel. 8 53 43).
Verkehrsverbindungen: Züge über den Knotenpunkt Bir Bou Rekba nach Tunis und Sfax (Bahnhof an der Av. Habib Bourguiba). Busbahnhof an der Straße nach Hammamet (nahe ONAT-Laden); Linien nach Tunis, Korbous, Sousse, Zaghouan, Kelibia u.a.
Wichtige Adressen: Touristeninformation (ONTT) an der Av. Taieb Mehiri (Tel. 8 69 00). Polizei an derselben Straße. Postamt an der Av. Habib Bourguiba.

Nefta

(Südwest-Tunesien, zwischen Chott el Djerid und algerischer Grenze)
Im äußersten Südwesten der besiedelten Staatsfläche Tunesiens liegt die Oase Nefta, mit rund 15.000 Einwohner mehr als nur ein Grenzort. Sie war einst die wichtigste Karawanenstation des Landes, heute ist sie mit über 20 Moscheen und rund 100 Marabouts (Heiligengräbern) ein Wallfahrtsort. Bedeutendes Handwerk, an die 400.000 Dattelpalmen der besten Sorte, und die Lage der herrlichen Oase in einem Talkessel (Corbeille) machen den besonderen Reiz Neftas aus. Das Ortsbild entspricht in besonderem Maße dem der Siedlungen in der Sahara (Lehmziegelarchitektur, fast fensterlose Lehmbauten etc.). Gute Aussicht über die

Palmgärten hat man von der Anhöhe beim Hotel ,,Mirage" bzw. Café ,,Corbeille". Von dort gelangt man in die etwas tiefer gelegene Altstadt (Chorfa-Viertel) und zum Place de l'Indépendance. Am Oued bei der Hauptstraße (Av. Habib Bourguiba) gibt es eine Wasserverteileranlage, dahinter geht es in die Neustadt, die ebenfalls aus engen Gassen und niedrigen Häusern besteht und nur um den Place de la Libération (mittwochs morgens Markt) ein wenig ,,städtisch" wirkt. Wenn man mobil ist, kann man von Nefta aus noch 10-20 km in Richtung algerischer Grenze fahren: Die Sanddünen des Grand Erg Oriental sind hier schon gut sichtbar.

Nefta/**Praktische Informationen**
Krankenstation, Postamt, Touristeninformation, Busstation, Bank und Tankstellen an der Durchgangsstraße. Vier-Sterne-Hotel ,,Sahara Place" oberhalb der Corbeille, Hotel ,,Marhala" an der Straße nach Algerien, Hotel ,,Mirage" am Aussichtspunkt beim Café ,,Corbeille".
Bungalowsiedlung ,,Nomade Village" mit fast schattenlosem Campingplatz an der Ortsausfahrt nach Tozeur.

Notfall

Einen landeseinheitlichen Notruf gibt es nicht; oft ist ja auch kein Telefon zur Hand. In einigen Städten existiert die Notfallnummer 1 97 (Tunis, Sfax), in Sousse ist die Polizei unter 2 15 88, in Monastir unter 6 10 22, in Mahdia unter 8 13 01 und in Nabeul unter 8 60 50 zu erreichen. In ländlichen Regionen wende man sich an die überall gut sichtbaren Dienststellen der ,,Garde Nationale", deren Beamte auch häufig an Landstraßen patrouillieren.
→*Polizei*

Oasen →*Douz; Gabès; Nefta; Tamerza; Tozeur*

Pensionen →*Unterkunft*

Pflanzen

Die Vegetation ist heute nicht mehr so dicht und vielfältig wie in der Antike, als das heutige Tunesien als die ,,Kornkammer Roms'' galt. Durch Raubbau, Überweidung, Rodung u.a. sind weite öde Landstriche entstanden. Die Punier führten so wichtige Kulturpflanzen wie Ölbäume, Weinstöcke und Mandelbäume ein. Das Kroumir- und Mogod-Bergland im Norden ist stark bewaldet, überwiegend mit Eichenarten, Wacholder, Aleppokiefern. Weiter südlich findet man Macchia (Stechginster, Ericaceae etc.), in der Steppe Halfagras. Die Gartenlandschaften der Halbinsel Cap Bon und im Sahel werden geprägt durch eine große Zahl verschiedener Obstbäume (Orangen, Feigen, Granatäpfel, Aprikosen u.a.; ferner werden Tomaten, Paprika, Bohnen angebaut). Die wichtigste Nutzpflanze im Süden ist natürlich die Dattelpalme. Überall im Lande stößt man auf Opuntien und Agaven, die sehr oft in Hecken angepflanzt werden. Aufforstungsmaßnahmen werden meist mit den schnellwachsenden Eukalyptusbäumen begonnen.
→*Geographie; Wirtschaft/Landwirtschaft*

Politik

Tunesien ist ein blockfreies Land. Es herrscht Trennung von Staat und Religion, der Entwicklungsweg ist an westlichen Vorbildern orientiert. Die Beziehungen zur ehemaligen Protektoratsmacht Frankreich sind erstaunlich gut, zum Nachbarn Algerien auch, zum anderen Nachbarn Libyen hingegen ziemlich gespannt. Seit die 1974 geplante Fusion der beiden Staaten von tunesischer Seite gestoppt wurde, hat es immer wieder Anschläge der Libyer gegeben (1980 in Gafsa, 1985 in der Sahara). Hinzu kam die barsche Ausweisung Zehntausender tunesischer Gastarbeiter durch Ghaddafi, weil sie sich weigerten, eine von ihm eingeführte ,,arabische Staatsbürgerschaft" anzunehmen. Das wirtschaftlich schwache Tunesien wurde durch diese Rückwanderung mit noch größerer Arbeitlosigkeit konfrontiert. Soziale Spannungen schwelen seit längerem, die „Brotpreisrevolte" von 1984 war ein deutliches Signal. Ende September 1985 war die Rede vom Abbruch diplomatischer Beziehungen zu Libyen. Am 1.10.1985 wurde das PLO-Hauptquartier in Tunis bombardiert, wahrscheinlich steckte Israel hinter dem Anschlag. Es sieht so aus, als ob die relative politische Stabilität Tunesiens in den letzten Jahren stark ins Wanken geraten ist:

Präsident Bourguiba (*1903) wurde am 7.11.1987 in einem unblutigen Staatsstreich von seinem Regierungschef Ben Ali (1936) entmachtet. Die bereits über ein Jahrzehnt anhaltende Orientierungslosigkeit in der Politik, die lediglich auf die Ära nach dem Tode Bourguibas wartete, nahm damit noch gerade rechtzeitig ein gutes Ende. Es bestand seit längerem die Gefahr, daß islamische Fundamentalisten die Macht an sich reißen würden. Das Land hätte leicht unregierbar werden können. Die Absetzung des greisen Präsidenten wurde in Tunesien selbst und auch im Ausland freudig begrüßt. Es besteht nun die Aussicht, die internationale Kreditwürdigkeit des Landes wiederherzustellen. Die Einführung eines demokratischen Mehrparteiensystems wurde bereits angekündigt. Ob Ben Ali die schwerwiegenden sozialen und finanziellen Probleme des Landes wird nachhaltig lösen können, ist jedoch fraglich. In letzter Zeit ist es ziemlich still um das Land geworden.

Polizei

Es gibt die landesweit stationierte „*Garde Nationale*", die oft Straßen- und Verkehrskontrollen durchführt, und die „*Police*", die sich um Kriminalität und Schadensfälle kümmert. Es heißt zwar,

die Beamten seien stets hilfsbereit und genau, doch scheinen sie sich auch vielfach in ihrer Machtrolle zu gefallen.
→ *Notfall*

Post
Postämter befinden sich stets im Zentrum der Orte; sie sind an dem gelben Schild ,,PTT" erkennbar. Im folgenden einige wichtige postalische Einrichtungen in Tunis:
Hauptpostamt: Rue Charles de Gaulle, Tel. 01/24 60 09.
Paketaufbewahrung: Av. de la République, Tel. 01/24 51 74.
Postscheckamt: Boulevard 9. Avril, Tel. 01/2 60 02.
Allgemein gelten folgende Öffnungszeiten für die Postämter im Lande:
vom 1.7. bis 15.9.: Mo-Sa 8-13 Uhr, nachmittags geschlossen; vom 16.9 bis 30.6.: Mo-Fr 8-12 Uhr und 15-18 Uhr, Sa 8-12 Uhr; im Monat Ramadan: Mo-Sa 8-15 Uhr. Die Gebühren für Briefe bis 20 g betragen innerhalb des Maghreb (Tunesien, Libyen, Algerien, Marokko) 200 Millimes, nach Frankreich 350 Millimes, in alle anderen europäischen Länder 370 Millimes und nach Amerika 430 Millimes. Expreßsendungen kosten zusätzlich 750 Millimes. Die Beförderung der Post dauert mindestens 5 Tage.
→ *Telefonieren*

Reiseapotheke
Abgesehen von speziellen Medikamenten, die man u.U. regelmäßig einnehmen muß, gehören Kohletabletten, einige Aspirin, Mittel gegen Erkältungskrankheiten sowie Augentropfen in die Reiseapotheke, ggf. ein Gel zur Linderung von Mückenstichen oder Sonnenbrand sowie eine Wundsalbe. Zu leichte Bekleidung nach einem ausgiebigen Sonnenbad kann schnell einen Schnupfen o.ä. hervorrufen, und der Wind kann Staub aufwirbeln und die Augen stark reizen. Tabletten zur Entkeimung von Trinkwas-

ser, wie z.B. Clorina oder Micropur, dürfen keinesfalls fehlen. Außer einem guten Sonnenöl sind ansonsten normalerweise keine weiteren Mittel notwendig, es sei denn, man glaubt, für alle Eventualitäten vorsorgen zu müssen.
→*Apotheke, Ärztliche Versorgung*

Reisen im Land

Natürlich ist die Fahrt im eigenen Campingbus, PKW oder Leihwagen die beste Möglichkeit, bequem in alle Winkel des Landes zu kommen. Da das jedoch im Falle Tunesiens hohe Anreise- bzw. Leihwagenkosten bedeutet, ist es auch sinnvoll, an öffentliche Verkehrsmittel zu denken.

Wer eine große **Autorundreise** plant, setzt am besten 4 Wochen dafür an, dabei kommt er innerhalb Tunesiens auf etwa 2000 bis 2500 km. Die Fernverkehrsstraßen sind fast alle in recht gutem Zustand, die Nebenstraßen hingegen oft nicht. Wer ein Dieselfahrzeug hat, zahlt weniger als halb soviel Spritgeld wie der Fahrer eines Benziners! Wer also den Wagen erst einmal auf tunesischem Boden hat, findet keine schlechtere Situation vor als in den meisten europäischen Mittelmeerländern (→*Verkehr*). Prinzipiell kann man auch per **Motorrad** fahren, wobei man allerdings oft Probleme mit dem Gepäck haben wird. Das **Eisenbahnnetz** ist zu lückenhaft, um weit herumzukommen. Außer der Strecke an der Nordküste nach Algerien gibt es nur noch die küstennahe Strecke nach Gabès und die Strecke über Gafsa nach Tozeur. Eine Schnellbahn (TGM) führt von Tunis über Karthago nach La Marsa, eine zweite neuerdings von Sousse nach Monastir. Der Transmaghreb-Express verbindet Tunis mit Algier in knapp 20 Stunden. Ein Preisbeispiel: Für die Teilstrecke Tunis-Tindja (100 km) zahlt man etwa 3.50 DM. Einen guten Überblick über Leistungen der tunesischen Eisenbahn (S.N.C.F.T.) bietet die neue Zeitschrift ,,Überseeische Bahnen" 1-2/86 (in Modellbahn-Läden erhältlich).

Das wichtigste Verkehrsmittel über Land ist der **Bus**, der auch eine ideale Ergänzung zum Eisenbahnnetz darstellt. Mit etwas Geduld gelangt man auch in kleine Orte, Schnellbusse legen (manchmal nachts) weite Hauptstrecken zurück. Man lernt bei der Busreise die Menschen besser kennen, und billig ist das Ganze auch! Die rund 400 km lange Fahrt von Sousse nach Zarzis kostet beispielsweise nur ca. 10 DM.

In abgelegene Dörfer oder Orte mit sehr geringem Verkehrsaufkommen (vor allem im Süden) fahren anstatt Busse meist nur **Louages** (Sammeltaxis) nach Bedarf. Man kann damit aber auch Langstrecken bequem und nicht zu teuer zurücklegen. Besonders auf der Strecke Tunis - Sfax - Gabès - Tripolis (Libyen) scheint ein reger Schnellverkehr dieser Art zu herrschen. In jeder Stadt gibt es eine oder mehrere Louages-Stationen, oft beim Busbahnhof. Die Fahrgäste zahlen jeweils einen anteiligen Fahrpreis. Die Wagen fahren ab, sobald sie voll besetzt sind.

Taxis in den Städten sind zwar billiger als in Mitteleuropa, aber im Vergleich zu Bus und Bahn in Tunesien doch ziemlich teuer.

Trampen kommt in Tunesien auch in Frage, ist allerdings je nach Region und Verkehrsdichte mit langem Stehen verbunden. Es kann vorkommen, daß Berufsfahrer eine Bezahlung erwarten.

Fähren innerhalb der Küstengewässer →*Djerba; Kerkennah-Inseln*

Einige Entfernungsangaben innerhalb Tunesiens (Straßenkilometer):

Tunis - Bizerte 65 km

Tunis - Sousse 145 km

Sousse - Sfax 130 km

Sfax - Gabès 135 km

Gabès - libysche Grenze 185 km

Gabès - Gafsa 150 km

Gafsa - Tozeur 95 km
Gafsa - Kairouan 200 km
Gafsa - El Kef 295 km
El Kef - Tunis 170 km
Kairouan - Tunis 155 km
Tunis - Tozeur 435 km

Reisezeit →*Klima*

Religion

Während in großen Teilen der arabischen Welt die Auseinandersetzungen zwischen Juden und Moslems das Alltagsgeschehen beherrschen, scheint es in Tunesien diesbezüglich keine Probleme zu geben. Und das, obwohl die Arabische Liga bzw. die PLO ihr Hauptquartier in Tunis hat. Neben christlichen Minderheiten gibt es heute etwa 20.000 Juden in Tunesien, vor allem auf der Insel Djerba (Synagoge La Ghriba). Die Bezeichnung ,,Hara'' (=Judenviertel) findet sich in manchen Ortsnamen.
Über 95 % der Bevölkerung bekennt sich jedoch zum Islam sunnitischer Richtung, der praktisch Staatsreligion ist. Trotz der relativ liberalen, fortschrittlichen Gesetzgebung der postkolonialen Ära prägt die Religion das Leben und die Mentalität der Tunesier wesentlich. Allah ist allgegenwärtig, auch wenn man sich im öffentlichen Leben nicht mehr nach dem islamischen Kalender richtet, das Alkoholverbot manchmal übersieht oder die Polygamie per Gesetz abgeschafft hat. Der nach Erlangen der Unabhängigkeit (1956) starke Drang zum ,,modernen Leben'' hat aber seit Anfang der 80er Jahre einem neuen Konservativismus Platz gemacht - offenbar als Versuch, gegenüber der zunehmenden Verwestlichung eine eigene Identität zu bewahren. (Wenn man das ,,Erobererverhalten'' mancher Touristen oder ausländischer Investoren sieht, mag man das verstehen.) Keinesfalls sind die Ver-

hältnisse aber mit denen in Libyen oder gar im Iran zu vergleichen. In Tunesien herrscht religiöse Toleranz, allerdings bleibt dem Touristen die Besichtigung fast aller Moscheen verwehrt.
Ein paar Sätze zum Islam: Jeder Muslim ist an fünf Grundpflichten gebunden.
1. Bekenntnis zur Einheit Allahs und zum Propheten Mohammed,
2. das täglich fünfmalige Gebet,
3. das Almosengeben,
4. das Fasten während des Monats Ramadan und
5. die Wallfahrt nach Mekka, die jedoch durch eine siebenmalige Fahrt nach Kairouan, der viertheiligsten Stadt des Islam (→Kairouan), ersetzbar ist.

Der häufige Ausspruch ,,Inch'Allah'' heißt ,,Wenn Gott so gewollt hat'', denn man glaubt, der ganze Lebensweg sei von der Geburt an vorherbestimmt. Unter diesem Gesichtspunkt ist auch der überall anzutreffende Fatalismus verständlich. Der Koran räumt dem Christentum und dem Judentum gewisse Vorrechte vor anderen Religionen ein, wenn auch die Dreifaltigkeit bereits als Vielgötterei kritisiert wird. Der Aufruf zum ,,Heiligen Krieg'' kann auch als defensive Maßnahme verstanden werden und bedeutet nicht zwangsläufig eine Bekehrungsabsicht Andersgläubiger.
Der Volksglaube an böse Geister, den ,,Bösen Blick'' und dergleichen hat in Tunesien eine breite Basis, und allerorten findet man Marabouts, die Grabstätten lokaler Heiliger. Strenggläubige Muslime erkennen diese animistischen Züge der Religion allerdings nicht an.

Restaurants

Die besseren Restaurants liegen meist im Stadtzentrum bzw. im Europäerviertel. Während man in den Souks (Bazar) oft nur Imbißbuden findet, an denen sich viele Einheimische drängen, kann man in den Staßenrestaurants an den breiten Boulevards und Hauptstraßen der Städte angenehmer sitzen. Großzügig, aber auch manchmal überdimensioniert sind die Restaurants der Touristenhotels. In kleineren Orten ohne Tourismus kann man nicht viel erwarten, wobei man noch bedenken muß, daß kleine Lokale oft nicht die Erlaubnis zum Alkoholausschank haben. Ein Café hingegen, wo die einheimischen Männer sich treffen und beim Rauchen der Wasserpfeife diskutieren, gibt es fast überall.

Normalerweise ißt der Tunesier relativ spät. Auf ein spärliches Frühstück, das man offenbar bei den Franzosen abgeguckt hat, folgt am Vormittag noch ein Imbiß auf die Schnelle. Zu Mittag gegessen wird dann gegen 14 Uhr, und das Abendessen kommt nicht vor 20 Uhr, oft noch später, auf den Tisch. Bei diesen Gepflogenheiten machen auch viele Hotels keine Ausnahme.

Natürlich gibt es bei den Mahlzeiten in den Restaurants große Qualitäts- und Preisunterschiede. In den Touristenhotels gelten praktisch europäische Preise, die Gerichte sind oft nur Mittelmaß. In durchschnittlichen Restaurants zahlt man für ein Frühstück etwa 1 Dinar (= 2 DM), für Mittag- oder Abendessen 2-4,5 Dinar (4-9 DM), in den Spezialitätenrestaurants von Tunis auch einiges mehr.

Sahara

Die Sahara nimmt etwa 40 % der Staatsfläche Tunesiens ein, das ist prozentual ein erheblich geringerer Anteil als in den Nachbarstaaten. Deshalb kann Tunesien auch nur bedingt als Wüstenstaat gelten. Der nahezu unbesiedelte Raum beginnt südlich der Linie Nefta - Tozeur - Douz - Matmata - Foum Tatahouine - Ben Gardane. Durch Pisten grob erschlossen ist lediglich der Ostteil entlang der heiklen Grenze zu Libyen. Wer (mit entsprechender Ausrüstung) über die Oase Remada (80 km südlich von Foum Tatahouine) hinaus will, ist verpflichtet, sich bei der ,,Garde Nationale" in Médénine oder Foum Tatahouine registrieren zu lassen. Dadurch sollen im Notfall auch Suchmaßnahmen eingeleitet werden können.

Sbeitla

(Mittel-Tunesien, Steppenhochland)
Die Ausgrabungsstätte des römischen Sufetula ist in gleichem Maße großartig wie der heutige Ort Sbeitla (8000 Einwohner) trostlos ist. An der Straße nach Kasserine erstreckt sich über einen Kilometer Länge rechter Hand das Ruinenfeld in der Steppenlandschaft. Sufetula ist beinahe schachbrettartig angelegt, Indiz für eine römische Gründung. Die Siedlung lag an einem der antiken Hauptverkehrswege. Im Jahre 256 wurde sie Bischofssitz, als Sitz des Gegenkaisers Gregorius wurde sie 646 bekannt. Doch schon ein Jahr später wurde Sbeitla durch den arabischen Vorstoß vernichtet und erlangte nie mehr eine ähnliche Bedeutung. Den Triumphbogen des Diokletian und Reste des Byzantinischen Forts erblickt man bereits am Eingang des Geländes. Die großen Thermen aus dem 3. Jh. mußten nach ihrer Zerstörung leider zum guten Teil als Baumaterial für einfache Häuser herhalten. Auch vom Theater (direkt am Oued Sbeitla) ist nicht mehr allzuviel Originales zu sehen. Durch das Antoninus-Pius-Tor betritt man beim Weitergehen das Forum mit dem aus drei gut erhaltenen Tempeln bestehenden Kapitol, offenbar zur Ehrung von Jupiter, Juno und Minerva errichtet. Im Norden der römischen Anlage stößt man auf ein christliches Zentrum mit *Jucundus-Kapelle, Vitalis-Kirche,* einem *Aquädukt-Rest* u.a. Erwähnenswert sind in der Umgebung außerdem die Ruinen des gewaltigen byzantinischen Forts in *Sbiba* (40 km nördlich).

Sbeitla/**Praktische Informationen**
Mittwochs ist Markttag in Sbeitla. Unterkunft im Hotel ,,Ez Zouhour" und im besseren Hotel ,,Bakini" im Ortszentrum, außer-

Sehenswürdigkeiten 87

dem im Hotel „Sufetula" in der Nähe der Ausgrabungen. Jugendherberge im Ort. Busse ab Bahnstation nach Maktar, Kairouan - Tunis, Kasserine - Gafsa - Tozeur. Kein Personenverkehr auf der Bahnlinie!

Schecks →*Geld*

Schiffsverbindungen →*Reisen im Land; Anreise*

Sehenswürdigkeiten (Übersicht)

Tunesien wird bei Sahara- und Afrikafahrern oft als kleines Transitland geringgeschätzt und von vielen sonnenhungrigen Touristen nur in Form seiner Strandhotels wahrgenommen. Dabei gibt es eine Vielzahl beachtlicher Sehenswürdigkeiten und eine weithin stimmungsvolle Landschaft. Und das, ohne bei der Erkundung riesige Entfernungen im Lande zurücklegen zu müssen. Das Römische Reich, dessen Provinz Africa Proconsularis sich bis ins 5. Jh. auf dem Boden des heutigen Tunesiens erstreckte, hat zahlreiche gut erhaltene **Ruinenstätten** hinterlassen. Auch wer sich nicht allzu sehr für Archäologisches interessiert, wird hier Interessantes entdecken. Im einzelnen handelt es sich um Karthago (10 km von Tunis), Thuburbo Majus (50 km), Dougga (110 km), Maktar (160 km), Bulla Regia (160 km), El Djem (200 km) und Sbeitla (260 km). Daneben gibt es noch bescheidenere Reste zu sehen in Utica (40 km), Zaghouan (50 km), Kerkouane (75 km; rein punische Anlage), Musti (115 km), Chemtou (175 km), Haïdra (265 km), Thyna (280 km), Kasserine (315 km), Gafsa (360 km) und Gightis (480 km). Den von vielen Reisenden gesuchten „Hauch des Orients" erlebt man hingegen eher beim Anblick der großartigen **islamischen Bauten,** insbesondere der Medinas (Altstädte) von Tunis, Kairouan, Sfax, Sousse und auch Hammamet sowie der berühmten Moscheen und Marabouts (Heiligengräber) von Tunis, Kairouan, Mahdia, Monastir, Sousse, El Djem und Nefta.

Ganz besonders herausgeputzt und für Touristen präpariert hat man die Orte Monastir und Sidi Bou Saïd, wobei letzterer auf jeden Fall einen Besuch lohnt. Einige gewaltige **Paläste** und **Festungen** gibt es auch, verstreut über das ganze Land: in Tabarka, Bizerte, Tunis, La Mohammédia, Sousse, Monastir, Mahdia, Houmt-Souk und Gafsa. Ähnlich markant sind die **Wohnhöhlen** und **Ghorfas** (Speicherburgen) im Süden des Landes, vor allem die in Médénine, Metameur, Ksar Haddada, Chenini de Dahar, Douirat, Ghoumrassen, Guermessa und Matmata. Malerische **Oasen** sind: Tamerza, Chebika, Tozeur, Nefta, Chenini de Gabès und eventuell die Oasenweiler bei Douz. Im übrigen gibt es noch einige interessante **Museen:** allen voran das phantastische Bardo-Museum in Tunis, das Museum in Karthago, weitere in El Kef, in Sousse, in Sfax sowie bei den meisten Ausgrabungsstätten. Um aber Sehenswertes nicht nur in Gestalt von Bauwerken oder Sammlungen zu präsentieren, seien abschließend noch einige konkrete landschaftliche Besonderheiten oder **Naturdenkmäler** erwähnt: die ,,Nadelfelsen'' von Tabarka, der Ichkeul-See, einige Küstenabschnitte der Halbinsel Cap Bon, der Felsen Kalaat es Senam (genannt ,,Tisch des Jugurtha''), die Seldja-Schlucht bei Metlaoui, die Sanddünen des Grand Erg Oriental jenseits von Nefta, Douz, dort auch der große Salzsee Chott el Djerid, und nicht zuletzt das Dahar-Gebirge.

Sfax

(Ost-Tunesien, Küste des Sahel)
Sfax, mit 300.000 Einwohnern im Ballungsraum, ist die zweitgrößte Stadt Tunesiens. Es ist Oberzentrum des südlichen Sahel, wichtiger Industriestandort, bedeutende Hafenstadt, bietet jedoch nicht genug Anreize für einen Badetourismus (wie beispielsweise Sousse). Im Zentrum nahe der Altstadt legt die Fähre zu den Kerkennah-Inseln an, wo inzwischen ein bescheidener Fremdenverkehr eingesetzt hat (→*Kerkennah-Inseln*).

Sfax/Geschichte
Die Stadt wurde zu Beginn des 9. Jh. an der Stelle der kleinen römischen Siedlung Taparura gegründet. Seine Rolle als Fabrikations- und Exportzentrum für Olivenöl und Stoffe ließ die Bedeutung von Sfax rasch anwachsen. Nach kurzer Herrschaft Siziliens war Sfax Teil des Almohadenreiches. Im Zusammenhang mit der Errichtung des französischen Protektorats kam es in der Bevölkerung zu erbittertem Widerstand. Die Stadt wurde vom Meer aus heftig attackiert. Auch im Zweiten Weltkrieg fiel Sfax zu einem erheblichen Teil den Bomben zum Opfer. 1982 wurde die Stadt von einer Überschwemmungskatastrophe heimgesucht.

Sfax/Sehenswürdigkeiten
Sfax gliedert sich im wesentlichen in die nordwestlich liegende, vollständig ummauerte Medina und die südöstliche Neustadt (Europäerviertel) mit dem Hafen. In der Neustadt sieht man noch so manches Haus im Kolonialstil, das die Bombardierung von 1942/43 überstanden hat. Einzige Sehenswürdigkeit ist das *archäologische Museum* mit Funden aus dem nahegelegenen römischen *Thaenae* (heute: Thyna). Durch das mächtige Stadttor *Bab Diwan* (14. Jh.) betritt man die Medina, wo man sogleich auf Souvenirstände trifft. Geradeaus über die Rue de la Grande Mosquée gelangt man zur *Großen Moschee* inmitten der Souks, z.B. Souk des Teinturiers (Färber) oder Souk des Etoffes (Stoffhändler). Einige der Gassen sind sogar überdacht und bieten ein anschauliches Bild von vergangenen Tagen. Weiter östlich im Souk werden Parfums, Gewürze, Haushaltswaren und dergleichen gehandelt. Eine Art Flohmarkt ist nahe der Rue Mongi Slim (Souk el Djedid) zu finden. Im *Dar Djallouli* (Palast) kann man ein *Volkskunstmuseum* besichtigen. Außerhalb des nördlichen Stadttores *Bab Djebli* liegen Markthallen.

Sfax/Praktische Informationen
Ärztliche Versorgung: Krankenhaus etwas außerhalb des Zen-

trums zwischen der Straße nach Kasserine und der Straße nach Kairouan (Tel. 2 19 25-26). Einige Apotheken mit Notdienst (z.B. in der Av. Hedi Chaker gegenüber dem Bab Diwan).

Autovermietung: in der Av. Habib Bourguiba und der Rue Tahar Sfar.

Bademöglichkeiten: auf keinen Fall in Stadtnähe, das Wasser ist durch den Hafen und die Industrie stark verunreinigt. Bessere Möglichkeiten am Plage de Chaffar (→*Sfax/Umgebung*) oder auf den Kerkennah-Inseln (→*dort*).

Banken: mehrere im Bereich zwischen Bab Diwan und Place de la République (Neustadt).

Einkaufen: ONAT in der Av. Ferhat Hached. Einige Selbstbedienungsläden in der Neustadt.

Essen und Trinken: Viele Restaurants, Cafés und einige Bars an den Plätzen und größeren Straßen der Neustadt (Place de la République, Place de Marburg u.a.) und bei den Busterminals.

Theater: an der Ecke der Av. Ali Belhaouane/Av. Hedi Chaker (beim Bab Diwan).

Unterkunft: Bessere Hotels am Place de Marburg (Neustadt), einfachere Hotels im südlichen Teil der Neustadt beim Hafen (Rue Alexandre Dumas, Rue Habib Maazoun) und in der Medina (Rue Bordj en Nar, durch das Bab Diwan und dann rechts). Jugendherberge an der Route d'Agareb (Tel. 2 32 07; vom Zentrum Richtung Gafsa).

Verkehrsverbindungen: Bahnhof in der Rue Tazerka (östliche Neustadt am Meer); Züge nach Sousse - Tunis, Gabès, Gafsa-Tozeur (letztere mit geringem Personenverkehr). Fernbusse ab Messegelände (Südwesten der Stadt) und Place de Dakar (nahe Bab Diwan) in alle Richtungen. Stadtbusse ab Medina-Nordtor (Bab Djebli). Flugplatz außerhalb an der Route d'Agareb, fast nur Inlandflüge. Fähren zu den Kerkennah-Inseln vom Südosten des Fischereihafens aus (→*Kerkennah-Inseln/Praktische Informationen*).

Wichtige Adressen: Touristeninformation am Place de l'Indépendance (Tel. 2 46 06). Polizei am Bab Djebli. Postamt an der Av. Habib Bourguiba.

Sfax/**Umgebung**
Schöner Badestrand am *Plage de Chaffar* bei Nakta (25 km südlich von Sfax). Mäßig interessante Ruinenstätte des römischen *Thaenae* unweit der Salinen von *Thyna* (12 km südlich von Sfax). Im übrigen ist der riesige ,,Ölbaumwald'' von Sfax, der sich halbkreisförmig um die Stadt legt, wegen seiner regelmäßigen Baumreihen sehr beeindruckend (Aussichtshügel an der Straße nach Kasserine).

Sidi Bou Saïd

(Nordost-Tunesien, 15 km von Tunis)
Der einzige vollständig unter Denkmalschutz gestellte Ort Tunesiens liegt in unmittelbarer Nachbarschaft zu Karthago am Golf von Tunis. Durch die Aufenthalte von Paul Klee, August Macke u.a. (ab 1914) bekam Sidi Bou Saïd das Image einer Künstlerkolonie. In dem Buch ,,Die Tunisreise'' (August Macke; DuMont-Verlag) findet man etliche Gemälde mit Motiven des Ortes. Fast alle Häuser, alte wie auch im alten Stil erbaute, haben strahlend weißes Mauerwerk mit hellblauen Fenstern, Türen, Fensterläden und -gittern. Die Türen sind oft mit Mustern aus schwarzen Nägeln verziert. Natürlich ist der Ort restauriert und hat eine große touristische Anziehungskraft. Jedoch darf man sich durch Souvenirstände in der Hauptstraße und einen Parkplatz voller Reisebusse nicht von einem Besuch Sidi Bou Saïds abschrecken lassen; es gibt auch stillere Winkel, dazu stellenweise einen phantastischen Blick aufs Meer. Das auf den Zeichnungen Mackes verewigte ,,Café des Nattes'' am Hauptplatz, das ein wenig an eine

Moschee erinnert, ist zum Aushängeschild geworden. Im übrigen ist es die gesamte Atmosphäre des Ortes, die den Besucher fasziniert.

Sidi Bou Saïd/**Praktische Informationen**
Am besten nutzt man die Möglichkeiten im nahegelegenen Tunis und in den Seebädern der Umgebung (Gammarth, La Marsa, Le Kram, Karthago). Hervorragende Verkehrsverbindung mit der modernen Schnellbahn TGM sowohl nach La Marsa als auch über Karthago und Fährhafen La Goulette nach Tunis-Zentrum.

Sitten und Gebräuche

Die Tunesier leben überwiegend noch in Großfamilien, in denen meist große Solidarität herrscht. Schließlich ist man auch wegen der sozialen Situation aufeinander angewiesen. Nach wie vor repräsentiert der Mann die Familie nach außen, und die Frau beherrscht das Innere des Hauses. In wohlhabenderen Kreisen der Städte macht sich allerdings auch die Emanzipation der Frau bemerkbar. Bedingt durch Religion und Traditionen gelten festgefügte Moralvorstellungen. Die Verheiratung der Mädchen, oft mit 13-15 Jahren, ist immer noch häufig. Viele Jugendliche orientieren sich heute natürlich an den Touristen, westliche Lebensvorstellungen finden in kleinen Schritten Einlaß in die tunesische Gesellschaft.

Sousse

(Ost-Tunesien, Küste des Sahel)
Sousse, die drittgrößte Stadt des Landes, ist das historische Zentrum des nördlichen Sahel, einer uralten, relativ dicht besiedelten Kulturlandschaft mit ausgedehnten Ölbaumhainen. Zusammen mit Port el Kantaoui und Monastir (→*dort*) bildet Sousse heute die bedeutendste Urlaubsregion Tunesiens (Hotels lie-

gen stadtnah). Daneben gibt es hier wichtige Industriebetriebe, z.B. das Fahrzeugmontagewerk STIA.

Sousse/**Geschichte**
Vor annähernd 3000 Jahren gab es hier schon eine punische Hafensiedlung namens Hadrumet. Da sie sich vor dem Dritten Punischen Krieg auf die Seite der Römer stellte, entging sie dem Schicksal Karthagos und stieg sogar bald zur freien Stadt Hadrumetum auf. Unter Cäsar wurde sie benachteiligt, da die Bewohner seinen Widersacher Pompeius unterstützten. Im Jahre 238 leiteten diese dann mit ihrer Teilnahme am Gordianus-Aufstand den Niedergang ein. Von Vandalen und Byzantinern umkämpft, wurde die Stadt (jetzt Justinianopolis genannt) durch Oqba Ibn Nafi im Jahre 647 zerstört. Um 800 kam es zur Neugründung als Sousse (arabisch: Susah) unter den Aghlabiden, die normannische Okkupation dauerte von 1148-59. Zu Beginn des 16. Jh. wurde die Stadt von der Pest heimgesucht. Allmählich machte Sousse als Piratennest von sich reden, so daß schließlich die Spanier, später auch Franzosen und Venezianer die Stadt angriffen. Erst in der Kolonialzeit gewann Sousse wieder große Bedeutung. 1942/43 erlitt sie schwere Bombardements durch die Alliierten.

Sousse/**Sehenswürdigkeiten**
Gleich am Hafen liegt die rund 3,5 qkm große, sehr schöne Medina mit der Stadtmauer aus dem 9. Jh. Am zentralen Place Ferhat Hached ist die Mauer eingerissen, hier steht man gleich vor der Großen Moschee, die einst auch zur Verteidigung der Stadt diente. Daneben liegt das Ribat (Wehrkloster). Den dazugehörigen Turm kann man besteigen, um einen Blick auf die Medina und den Hafen zu werfen. Beim Gang quer durch die Medina gelangt man schließlich zur Kasbah (Festung), die am höchsten Punkt liegt. Darin ist heute das beachtenswerte *Archäologische Museum* untergebracht (schöne Mosaiken, Wandmalereien, Grab-

platten, Sarkophage, Kleinkunst). Überquert man den Boulevard Maréchal Tito bei den Grünanlagen nahe der Kasbah und geht ein gutes Stück in das Wohnviertel hinein, so erreicht man bei einem großen Sendemast den Eingang zu den *Katakomben* (Taschenlampe mitnehmen). Man kann nur noch einen kleinen Teil der gewaltigen Anlage betreten, die insgesamt um die 250 Gänge hatte.

Etwa 15 km nördlich von Sousse an der Küste liegt das idyllische Dorf *Hergla* mit seinen weißen Häusern direkt am Meer. Die Bewohner leben von Flechtarbeiten. Touristenhotels sind hier bislang noch nicht entstanden.

Sousse/**Praktische Informationen**
Ärztliche Versorgung: Krankenhaus in der Rue Ferhat Hached (Tel. 2 14 11), Apotheken in der Av. de la République, Av. Habib Bourguiba, Rue Ali Belhaouane u.a.

Autovermietung: an der Av. Habib Bourguiba.

Bademöglichkeiten: ausgedehnter Sandstrand unweit des Zentrums (vom Ende der Av. Habib Bourguiba hinter den Hotels nach Norden).

Banken: viele entlang der Av. Habib Bourguiba.

Camping: kein offizieller Platz vorhanden, aber im Norden der Stadt in Strandnähe ist campen möglich.

Einkaufen: Sonntags Markt. SB-Läden an der Av. Habib Bourguiba und der Rue de l'Indépendance.

Essen und Trinken: Neben vielen Imbißständen in der Stadt und Straßencafés am Place Ferhat Hached sind die meisten besseren Restaurants an der Route de la Corniche, Av. Habib Bourguiba, Boulevard Hedi Chaker (Küstenstraße) und Boulevard Abdelhamid el Cadhi (parallel dazu).

Nachtleben: Bei den Hotels am Strand und entlang der Av. Habib Bourguiba gibt es eine Reihe Nachtclubs, Bars, Kinos und Discotheken.

Theater: Stadttheater in der Av. Habib Bourguiba (Tel. 2 22 73).
Unterkunft: Modernes Feriendorf in Port Kantaoui. Hotels aller Klassen in großer Zahl vom Place Ferhat Hached nordwärts bis nach Port el Kantaoui. Einfache Herbergen im Bereich der Großen Moschee/Stadtmauer und bei den Souks. Jugendherberge an der Av. Taieb Mehiri (von Norden kommend bei der Ortseinfahrt/Tankstelle links).
Verkehrsverbindungen: Bahnhof in der Av. Hassouna Ayachi (beim Place Ferhat Hached), Züge nach Tunis, Sfax-Gabès und Gafsa-Tozeur. 1986 wurde zwischen Monastir und Sousse die erste Teilstrecke eines neuen Verkehrssystems eröffnet: die ,,Métro léger du Sahel'' (eine Art S-Bahn). Fernbusse ab Av. Leopold Senghor (Durchgangsstraße). Regionalbusse ab Place Ferhat Hached. Louages (Sammeltaxis) von der Medinamauer an der Meeresseite. Flughafen in Monastir (18 km nördlich, →*dort*).
Wichtige Adressen: Touristeninformation am Place Ferhat Hached (Eckhaus; Tel. 2 04 31). Postamt am Boulevard Mohammed Maarouf (Ecke Av. de la République). Polizei in der Rue Pasteur (Tel. 2 15 66).

Sport

Die Sportmöglichkeiten für Touristen in Tunesien sind ziemlich gut. Natürlich konzentrieren sich die Angebote stark auf die Touristenzentren, was besonders für alle Arten von Wassersport zutrifft.

Angeln: Angeln und Fischen kann man fast nur im Meer, da es nur sehr wenige Binnengewässer gibt. Man benötigt eine offizielle Genehmigung, die über das Centre Nautique Internationale de Tunisie, 22, Rue de Médénine, Tunis (Tel. 01/28 22 09) oder über eine Geschäftsstelle der Direction de Pêches erhältlich ist. Die Ausrüstung sollte man selbst mitbringen. Es ist nicht erlaubt, an Badestränden, Häfen oder in Fischzuchtgebieten zu fischen. Es besteht mancherorts die Möglichkeit, auf einem Fischerboot mitzufahren. Bei der Unterwasserjagd dürfen keine Jagdwaffen benutzt werden. Besondere Fischereiregionen sind Tabarka (Korallenernte) und Sfax (Schwammfang).

Tennis: Viele Ferienanlagen verfügen über Tennisplätze, deren Benutzung für die Gäste in der Regel kostenlos ist. Tennisclubs gibt es im *Parc des Sports*, Av. Mohammed V., Tunis und in Karthago.

Segeln, Surfen, Yachting: Obwohl an der tunesischen Küste meist nicht mit hohen Windstärken zu rechnen ist, gibt es hier und da die Möglichkeit zu surfen, und auch Ausrüstungen können ausgeliehen werden. Eine moderne Einrichtung ist der Club Nautique in Sidi Bou Saïd, einem sehr malerischen Ort nördlich von Tunis. Hier sind auch Segelregatten vorgesehen. Zur Einfuhr von Segelyachten ist beim Tunesischen Fremdenverkehrsamt (→*Touristeninformation*) ein gesondertes Merkblatt anzufordern.

Skifahren: Zum Skifahren kommt Tunesien so gut wie nicht in Frage. Die Höhenlagen reichen nicht aus, um im Winter über längere Zeit eine Schneedecke zu garantieren. So sind auch keine bedeutsamen Einrichtungen für Wintersport vorhanden. Wer unbedingt in Nordafrika Skifahren will, ist mit Marokko (Hoher Atlas) sicher besser beraten.

Reiten: In La Soukra und in Kasr Saïd (beide in der Umgebung von Tunis) gibt es Reitclubs, bei denen man auch als Anfänger erscheinen kann, denn es stehen Lehrer zur Verfügung. Beide Clubs heißen ,,Club Hippique'', sie haben montags geschlossen. Preise: rund 2,5 Dinar (=5 DM) für eine Reitstunde. Darüber hinaus kann man an vielen Ferienorten Pferde oder Esel mieten; in den Oasen des Südens ist das Kamelreiten verbreiteter.

Bergwandern: Im Kroumir- und Mogod-Bergland Nord-Tunesiens kann man in Korkeichenwäldern ausgiebig wandern; es gibt ausgeschilderte Wanderwege. Besonders die Gegend an der algerischen Grenze um Aïn Draham, Babouch, Hammam Bourguiba und den Beni Mtir-Stausee ist attraktiv. Oder man unternimmt eine Bergtour am Djebel Zaghouan, der mit 1295 m Höhe für tunesische Verhältnisse schon sehr hoch ist und in einer bewaldeten Region liegt. Informationen erhält man über den Club Alpine, 4, Av. de Paris, Tunis.

Tauchen: Bei Tauchern beliebt ist die Korallenküste bei Tabarka (Nord-Tunesien). Weitere günstige Abschnitte gibt es bei Hergla (→*Strände*), auf der Insel Djerba und bei den Klippen von Monastir. Informationen aller Art erteilt das Centre Nautique (→*Sport, Angeln*). Taucherausrüstungen sollte man selbst mitbringen. Leere Druckflaschen kann man auffüllen lassen bei der Société d'Air Liquide in Mégrine (südlich von Tunis) und in Sfax.

Jagd: Im Kroumir-Bergland an der tunesischen Nordküste bestehen gute Jagdmöglichkeiten. Die Jagdsaison wird vom Landwirtschaftsministerium jährlich festgelegt. Man benötigt einen Jagdschein, der vom Ministère de l'Agriculture/Service de Forêts, Section Chasse, Place de la Kasbah, Tunis in der Regel für eine Woche ausgestellt wird. Wegen spezieller Informationen (vor allem betreffs Einfuhr von Jagdwaffen) wendet man sich an die Association des Chasseurs, Radès/Tunis oder an das Tunesische Fremdenverkehrsamt.

Golf: Drei Golfplätze stehen in Tunesien zur Verfügung. Es sind der Country Golf Club in La Soukra bei Tunis, wo man auch als Nichtmitglied spielen kann, ferner der Port el Kantaoui Golf Course im Norden von Sousse und ein neuer Platz in Skanès bei Monastir. Alle Plätze haben 18 Löcher. Mit Gebühren von 6-7 DM pro Tag muß man rechnen.

Sprachführer

Fast jeder Tunesier spricht Französisch. Auch die Beschilderung ist weitgehend in Französisch (neben Arabisch) gehalten. Kenntnisse des Arabischen erübrigen sich also im Grunde. Andere Sprachen, wie Deutsch oder Englisch, werden außerhalb der Hotelregionen kaum verstanden. Außerdem muß man damit zurechtkommen, daß viele Namen in immer neuen Schreibweisen erscheinen: Jerba statt Djerba, Aghir statt Aguir oder Utique statt Utica.

Einige französische Vokabeln

Guten Morgen/Tag!	Bonjour!
Guten Abend!	Bonsoir!
Auf Wiedersehen!	Au revoir!
Herr	Monsieur
Frau/Fräulein	Madame/Mademoiselle
Hotel	hôtel
Zimmer	chambre
Dusche	douche
Frühstück	petit déjeuner
Mittagessen	déjeuner
Abendessen	diner
Geld	argent
Brot	pain
Wasser	eau
Suppe	potage
Fisch	poisson
Fleisch	viande
Salat	salade
Gemüse	légumes
Obst	fruits
Eier	œufs
Salz	sel
Pfeffer	poivre

Zucker	sucre
Milch	lait
ja, nein	oui, non
bitte	s'il vous plaît
danke (sehr)	merci (beaucoup/bien)
(Sehr) gut	(Trés) bien!
Richtig!	C'est ça!
nichts	rien
Ich will (kann) nicht	Je ne veux (peux) pas
vielleicht	peut-être
Entschuldigen Sie bitte!	Excusez, s'il vous plaît!
Verzeihung!	Pardon!
ich verstehe nicht	je ne comprends pas
Sprechen Sie Deutsch?	Parlez-vous allemand?
warum, was, wer	pourquoi, que, qui
wem, mit wem, wen	à qui, avec qui, qui
wie?	comment?
wo, woher, wohin, wozu	où, d'où, où, pourquoi
wo ist...?	où est...?
wieviel...?	combien...?
wie lange?	combien de temps?
um wieviel Uhr?	à quelle heure?
Wann fährt der Zug (der Bus, das Schiff) nach ...?	Quand est ce que le train (l'autobus, le bateau) pour ... part?
heute/gestern	aujourd'hui
morgen	demain
morgens	le matin
mittags	à midi
nachmittags	l'après-midi
abends	le soir
Minute, Stunde, Tag	minute, heure, jour
Woche, Monat, Jahr	semaine, mois, an (année)
Montag, Dienstag, Mittwoch	lundi, mardi, mercredi
Donnerstag, Freitag, Samstag	jeudi, vendredi, samedi

Sonntag	dimanche
Frühling, Sommer	printemps, été
Herbst, Winter	automne, hiver
Wetter	temps
rechts, links	à droite, à gauche
geradeaus	tout droit
Norden, Süden	nord, sud
Osten, Westen	est, ouest
(das ist) alles	(c'est) tout
groß, klein	grand, petit
Preis	prix
(zu) teuer	(trop) cher
viel, (ein) wenig	beaucoup, (un) peu
wieviel kostet...?	quel est le prix de...?
mehr, weniger	plus, moins
Haben Sie...?	Avez-vous...?
Kann ich...?	Puis-je...?
Was wünschen Sie?	Que désirez-vouz?
Was ist das?	Qu'est-ce que c'est?
Wie heißt...?	Comment s'appelle...?
Geben Sie mir bitte...	Donnez-moi..., s'il vous plaît
Sagen Sie mir bitte...	Dites-moi, s'il vous plaît...
Ich brauche...	J'ai besoin de...
geöffnet, geschlossen	ouvert, fermé
Hilfe!	Au secours!
Polizei, Unfall	police, accident
Arzt, Krankenwagen	médecin, ambulance

0 zéro	10 dix	20 vingt
1 un, une	11 onze	21 vingt et un
2 deux	12 douze	30 trente
3 trois	13 treize	40 quarante
4 quatre	14 quatorze	50 cinquante
5 cinq	15 quinze	60 soixante
6 six	16 seize	70 soixante-dix

7 sept	17 dix-sept	80 quatre-vingts
8 huit	18 dix-huit	90 quatre-vingt-dix
9 neuf	19 dix-neuf	100 cent
		1000 mille

Strände

Bei knapp 1300 km Küstenlänge bietet Tunesien schöne Strände in großer Zahl, meist handelt es sich sogar um Sandstrände. Außerhalb der touristischen Regionen wird man fast nur einheimische Jugendliche treffen, die im Meer baden. Besonders als Autotourist kann man viele reizvolle Strandabschnitte abseits großer Orte ansteuern. Mindestens von April bis Mitte Oktober hat das Wasser angenehme Temperaturen, im Süden um Djerba auch länger. Im folgenden die Strandabschnitte im einzelnen; hier soll angedeutet werden, daß Tunesiens Küste weit mehr bietet als die drei bekannten Urlaubsregionen. Im Norden bei *Tabarka* gibt es eine große geschützte Bucht, die weiter nach Osten in Kiesstrände mit felsigen Abschnitten übergeht. *Bizerte* bietet einen großen Sandstrand, der sich als *Plage de Rmel* nach Süden an Kiefernwäldern entlang erstreckt. Auch an der Medjerda-Mündung beim Fischerort *Ghar el Melh* bestehen gute Bademöglichkeiten entlang einer Nehrung. Während die Stadt Tunis an einer sehr unattraktiven, schmutzigen Lagune liegt und selbst keinen Strand hat, besitzt sie entlang der Küste, vor allem nach Norden, zahlreiche teils mondäne Vororte mit Badegelegenheiten: *La Goulette*, *Khéreddine*, *Le Kram*, *Carthage-Amilcar*, *La Marsa*, *Gammarth* sowie die Dünen von *Raouad*. Auch im Süden von Tunis existieren Badeorte: *Radès*, *Hammam-Lif* und *Soliman*. Die landschaftlich beeindruckende Halbinsel Cap Bon wartet mit den Stränden von *El Haouaria* und *Kelibia* auf. Daneben bietet sich das Feriengebiet um *Nabeul* und *Hammamet* an, wo allerdings in der Saison Hochbetrieb herrscht, da neben den Auslandstouristen auch die Stadtbevölkerung von Tunis hier ,,Zuflucht'' sucht.

Noch relativ ruhig gelegen ist der kleine Ort *Hergla*, nahe der zweiten Touristenzone (*Sousse, Skanès, Monastir*). Weiter nach Süden folgen zum Teil schöne, einsame Badestrände ohne größere Ortschaften. Bei Sfax sind die Möglichkeiten eher schlecht, es gibt hier auch keine Touristenhotels. Erwähnenswert am Golf von Gabès ist nur der *Plage de Chaffar* bei Maharès, ansonsten ist das Wasser größtenteils sehr seicht und verschlammt. Schließlich existieren noch gute, saubere Strände in *Gabès* und ganz besonders auf den *Kerkennah-Inseln* und der *Insel Djerba*.

Stromspannung

Die Stromspannung in Tunesien beträgt überwiegend 220 Volt, in manchen älteren Häusern und Hotels der Hauptstadt und im tiefen Süden vereinzelt noch 110 Volt. Ein Euro-Zwischenstecker, den man in vielen Geschäften bekommt, ist oft notwendig.

Tabarka

(Nordwest-Tunesien, an der algerischen Grenze)
Hübsch am Nordhang des Kroumir-Gebirgszuges gelegen, bietet die kleine Hafenstadt Tabarka (12.000 Einwohner) eine ganz andere Variante tunesischer Küste, als man sie in den Touristenregionen vorfindet. An der Küste gibt es Felsen, man soll dort gut tauchen können. Immerhin bieten Händler in Tabarka selbstgearbeiteten Korallenschmuck an. Über einen kleinen Damm kann man zur verfallenen genuesischen Festung hinübergehen, die auf einer Insel an der Küste liegt. Von oben hat man eine schöne Aussicht. An der Bucht gibt es auch die Aiguilles (zwei nadelförmige Felsen von gut 20 m Höhe). Ansonsten bietet sich der Ort zum Bummeln an. Landeinwärts, inmitten von Korkeichenbeständen, liegt in 820 m Höhe der Luftkurort Aïn Draham (25 km) am Beni Mtir-Stausee.

Tabarka/**Praktische Informationen**
Busverbindungen nach Bizerte, Tunis, Jendouba u.a., nach Algerien schlechte Verbindung. Krankenhaus in der Rue d'Algérie. Bahnlinie zur Zeit stillgelegt. Einige Hotels und ein Feriendorf („Village Tabarka") für Jugendliche.

Tamerza

(Südwest-Tunesien, an der algerischen Grenze)
Die wunderschönen, abgeschiedenen Bergoasen Tamerza, Chebika und Midès sind über eine 60 km lange Piste von El Hamma (bei Tozeur) aus zu erreichen. Zuerst kommt man nach Chebika mit einem verfallenen Ksar (Festung) und großem Palmenbestand in einer Schlucht. Knapp 15 km weiter, streckenweise bergauf mit Blick in eine grandiose Berglandschaft, fährt man auf Tamerza zu. Plötzlich steht man in der Oase. Es gibt hier einen 15 m hohen Wasserfall (Canyon des Oued Khanga). Davor steht ein einfaches Hüttenhotel mit Schwimmbecken. Über eine schlechte Piste geht es weiter nach Midès, das unmittelbar an der algerischen Grenze liegt.

Telefonieren

Das Telefonnetz Tunesiens ist weitgehend auf direkte Durchwahl ausgelegt. Münzfernsprecher sind rar und eigentlich nur im Raum Tunis anzutreffen. Man muß 50-Millimes-Münzen einwerfen, künftig sicherlich eher 100er.
Die Vorwahlnummern lauten: 01 für Tunis; 02 für Bizerte und Nabeul; 03 für Sousse, Mahdia und Monastir; 04 für Sfax; 05 für Gabès und Djerba; 06 für Gafsa; 07 für Kairouan und 08 für El Kef und den Nordwesten (jeweils mit der weiteren Umgebung). Orte ohne Direktverbindung erreicht man über die 15 (Vermittlung). Auslandsgespräche sind von den Postämtern möglich, Vor-

wahl nach Deutschland 00 49, nach Österreich 00 43, in die Schweiz 00 41.
→Post

Theater

Kulturelle Veranstaltungen von hohem Rang finden fast ausnahmslos in Tunis statt. Saison ist hier von Oktober bis Juni. Neben einheimischen Theatergruppen sind Auftritte von Franzosen häufig. Veranstaltungsort ist das Théâtre Municipal in Tunis, Av. Habib Bourguiba. Ein wohl weit größeres Publikum dürfte sich für die lokalen und überregionalen Volksfeste, Musik- und Tanzveranstaltungen und dergleichen finden.
→Unterhaltung

Thuburbo Majus

(Nord-Tunesien, 60 km südlich von Tunis)
Bei Thuburbo Majus handelt es sich um eine zwei Kilometer nördlich des Marktortes El Fahs gelegene Ruinenstätte. Einst von Berbern gegründet, wurde sie im Jahre 188 römische Kolonie, war seit den arabischen Erorberungszügen verlassen und wurde erst 1857 wiederentdeckt. Die Ausgrabungen sind zwar nicht so beeindruckend wie z.B. die von Dougga oder Sbeitla, aber dennoch beachtlich: Kapitol, Forum, Curia, einige Haus-, Thermen- und Tempelfundamente, Fußbodenmosaike. Einfache Unterkunftsmöglichkeiten gibt es in El Fahs, dort ist auch der Bahnhof mit Anschluß nach Tunis.

Tiere

Elefanten, von denen noch zur Römerzeit berichtet wird, sind in Nordafrika längst ausgerottet. Auch einige einst hier heimische Raubtierarten (Löwen, Panther) gibt es nicht mehr, und die Wasserbüffel und Wildarten bedürfen staatlicher Schutzbestimmungen. Freilebende Tierarten im heutigen Tunesien sind vor allem: Schakal, Hyäne, Wildschwein, rund zwanzig Schlangenarten (auch sehr giftige!), zahlreiche Skorpionarten, das Chamäleon und vielerei Reptilien. Ornithologen werden Interesse an der sehr reichen Vogelwelt finden: Flamingos, Kraniche, Adler, Bussarde, Falken, Schwärme von Sumpfvögeln und die Zugvögel aus Europa. Als Haustiere werden im Lande annähernd 5 Millionen Schafe gehalten (bei einer Einwohnerzahl von knapp 7 Millionen!) und etwa 1 Million Ziegen, deren Zahl aber regional begrenzt werden mußte, um allzu gravierende Vegetationsschäden und Bodenerosion zu verhindern. Esel, Maultiere und meist recht magere Rinder sieht man ebenfalls häufig, Kamele hingegen seltener als vielleicht erwartet. Pferde sind eher Statussymbole als Nutztiere. Hunde als Begleiter des Menschen gibt es im Orient so gut wie gar nicht, da sie aus religiösen Gründen verachtet werden. Einfuhr von Tieren →*Dokumente*

Touristeninformation

Auskünfte und Prospekte aller Art, vorwiegend aber auf die Badeorte an der Küste bezogen, erhält man beim *Tunesischen Fremdenverkehrsamt:*

in Deutschland: Am Hauptbahnhof 6, 6000 Frankfurt/M., Tel. 0 69/23 18 91-92 und Graf-Adolf-Str. 100, 4000 Düsseldorf, Tel. 02 11/35 94 14;

in Österreich: Schubertring 10-12, 1010 Wien, Tel. 02 22/48 39 60-00;

in der Schweiz: Bahnhofstr. 69, 8001 Zürich, Tel. 01/2 11 48 30-31. Die Zentrale des *Office National du Tourisme Tunisien* (ONTT) hat ihren Sitz in der Av. Mohammed V., Tunis, Tel. 01/25 91 33 und 34 10 77. Darüber hinaus wird jeweils ein sogenanntes *Commissariat Régional du Tourisme* in den Städten Bizerte, Nabeul, Monastir, Gafsa, Tozeur und Houmt-Souk (Djerba) unterhalten

(→*dort*). Weniger kompetent, doch noch verbreiteter sind die lokalen *Syndicats d'Initiative* im ganzen Land.

Tozeur

(Südwest-Tunesien, Djerid-Oasenregion)
Der größte Salzsee der Sahara ist das Chott el Djerid, das sich im Chott el Fedjadi fortsetzt. Mit rund 7500 qkm nimmt der Salzsee fast die 14fache Fläche des Bodensees ein! Die Chotts teilen das tunesische Staatsgebiet grob in den besiedelten Nordteil und den fast menschenleeren Südteil, der ungefähr genauso groß ist, jedoch auf vielen Karten weggelassen wird. Darüber muß man sich im klaren sein, wenn man in der Oase Tozeur, am Westrand des Chott el Djerid, steht: Der vermeintliche Süden Tunesiens, nämlich die Oasen, ist genaugenommen erst die Mitte des Landes. Aber es ist längst Gewohnheit geworden, die Bezeichnung Nord und Süd nur auf den besiedelten Raum zu beziehen.
Tozeur ist Hauptort des Bled el Djerid, jener Region westlich des Chotts. Mit immerhin an die 20.000 Einwohnern wirkt Tozeur geschäftsmäßiger und ,,städtischer'' als man vielleicht erwartet. Seit längerer Zeit spielt auch der Fremdenverkehr hier eine wichtige Rolle, und, wie es aussieht, soll er noch weiter angekurbelt werden.

Tozeur/**Sehenswürdigkeiten**

Zentrum von Tozeur ist die Av. Habib Bourguiba mit dem Place Ibn Chabbat. Hinter der Markthalle am Platz erstreckt sich das Altstadtviertel Ouled Hadef mit seinen engen Gassen und Häusern mit Lehmziegelornamentik; dort gibt es auch ein kleines *Museum* (Schmuckstücke, Keramik). Jenseits der Av. Abou el Kacem ech Chabbi beginnt die Oase mit rund 200.000 Dattelpalmen. Wenn man beim Hotel ,,Continental'' einbiegt, kommt man nach kurzer Strecke in den Oasenweiler Sidi Ali Bou Lifa. Ganz in der

Nähe liegt das *„Paradies"*, ein herrlicher Oasengarten. Sehenswert sind außerdem der *Tijani-Tierpark* beim Bahnhof und die Felsengruppe *Belvédère*, die gute Aussicht bietet.

Tozeur/Praktische Informationen
Ärztliche Versorgung: Krankenhaus am Ende der Av. Abou el Kacem ech Chabbi (Tel. 5 04 00).
Autovermietung: am Flughafen.
Banken: mehrere an der Av. Habib Bourguiba.
Camping: einfacher Platz am Belvédère.
Einkaufen: relativ gute Möglichkeiten; an der Straße nach Nefta sogar ein SB-Markt. Markthalle am Place Ibn Chabbat.
Essen und Trinken: Cafés und Restaurants am Place Ibn Chabbat.
Unterkunft: einfache bis gute Hotels an der Av. Abou el Kacem ech Chabbi und am Place Ibn Chabbat. Jugendherberge an der Rue de la République (Tel. 5 00 97).
Verkehrsverbindungen: Südlichste Bahnstation Tunesiens. Die Bahnlinie Tunis - Sfax - Gafsa - Tozeur endet am Bahnhof nordwestlich vom Zentrum; Zufahrt von der Av. de la République (von Gafsa kommend): Zugverbindung 1x täglich bis Tunis. Busbahnhof an der Durchgangsstraße nach Nefta (schräg gegenüber der Av. Habib Bourguiba) mit Fahrten nach Nefta, Gafsa und Kriz, bislang jedoch nicht nach Kebili über das Chott el Djerid! Hier am Rand der Wüste gibt es sogar einen Flughafen (an der Straße nach Nefta): Inland- und Charterflüge.
Wichtige Adressen: Touristeninformation an der Av. Habib Bourguiba nahe der Av. Ferhat Hached (Durchgangsstraße), Tel. 5 00 34. Postamt am Place Ibn Chabbat (bei der Markthalle). Polizei beim nahegelegenen Hotel „Oasis", Tel. 5 00 16 und 5 00 95.

Trinken →*Essen und Trinken*

Tunis

Keine Stadt Tunesiens ist in politischer, wirtschaftlicher und kultureller Hinsicht auch nur annähernd so bedeutend wie die Metropole Tunis. Mit Außenbezirken hat sie heute ca. 1,8 Millionen Einwohner, das sind rund sechsmal soviel wie in der zweitgrößten Stadt Tunesiens (Sfax). Über die Hälfte aller Industrieunternehmen sind in Tunis angesiedelt. Der Hafen liegt außerordentlich günstig, und die Umgebung der Stadt ist ganz angenehm. Viele Bauten stammen aus der Kolonialzeit, so daß man stark an Südeuropa erinnert wird.

Tunis ist im Vergleich zu anderen Großstädten in Entwicklungsländern erstaunlich übersichtlich und hat ein weitgehend planmäßig angelegtes Straßennetz (es bereitet kaum Probleme, mit dem Auto durch die City zu fahren). Die zentral gelegene Medina (Altstadt), zwischen der Lagune von Tunis (El Bahira) und dem weit nach Süden ausgedehnten Salzsee Sebkhet es Sedjoumi gelegen, ist von einem großzügig angelegten Straßenring umgeben. Eine Autobahn zweigt davon nach Süden (Nabeul, El Fahs) ab, nach Norden führt eine Schnellstraße zum Flughafen, nach Bizerte und Karthago.

Östlich der Medina liegt die Neustadt (Geschäftszentrum, Hotels) mit der Prachtstraße Av. Habib Bourguiba, die vom Medina-Tor **Porte de France** (Bab el Bahar) geradewegs zur Lagune führt und als Fahrdamm (Straße und Schnellbahn) weitergeführt wird bis zum Seehafen **La Goulette**. Der Stadthafen mit Industriebetrieben und nahem Güterbahnhof befindet sich bei der Nahtstelle von Av. Habib Bourguiba und Fahrdamm. Etwas weiter zur Medina liegt der Hauptbahnhof.

Südlich der Medina (vor dem Bab Djedid) liegt die alte Vorstadt **Bab el Djazira** und weiter außerhalb das bevorzugte Europäerwohnviertel **Montfleury**.

Westlich der Medina (Bab Menara, Place de la Kasbah) gelangt man in den eleganten Vorort Bardo mit dem **Bey-Palast** und dem

Tunis

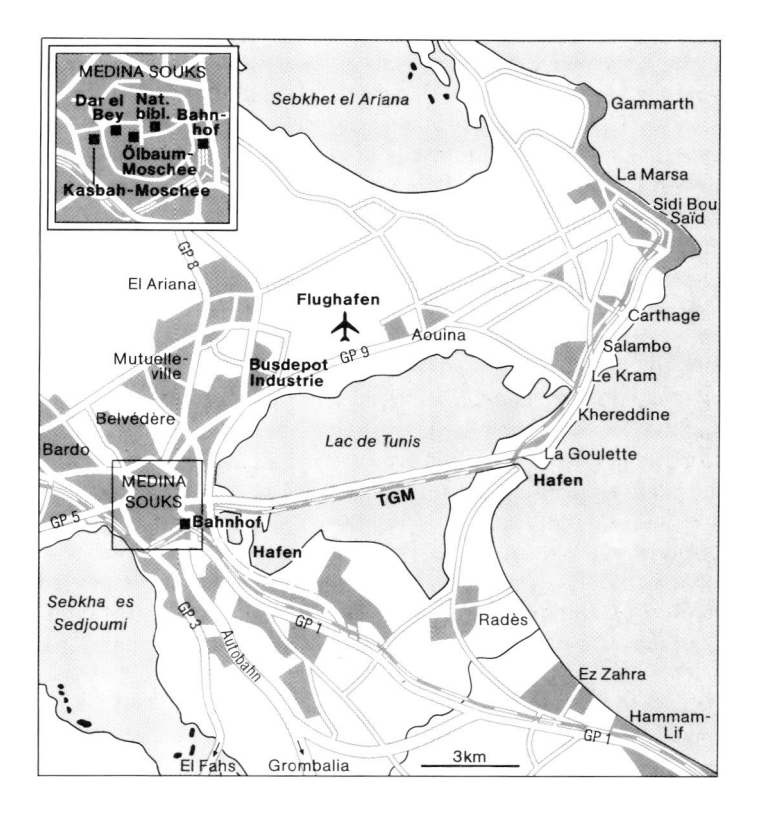

berühmten **Bardo-Museum** (s.u.). Hier nehmen auch die Fernstraßen nach El Kef über Medjez el Bab und nach Tabarka über Mateur ihren Anfang.

Nördlich der Medina erstreckt sich der Stadtteil Bab Souika, eine Altstadterweiterung (beim Bab Saadoun). Von einem anderen ehemaligen Tor im Norden (Bab el Khadra) führen Straßen zum Vorort El Omrane, zu den Villen- und Botschaftsvierteln **Belvédère** (großer Park) und **Mutuelleville** sowie zum **Olympiakomplex** in El Menzah. Vom Bab el Khadra geht auch eine große Straße (Av. Hedi Chaker) aus, die nach etwa 2,5 km die Schnellstraße kreuzt, welche von der Av. Habib Bourguiba nordwärts zum Flughafen und nach Karthago führt.

Zum weiteren Stadtgebiet von Tunis gehört auch die Kette von Badeorten am Golf von Tunis, zwischen dem Seehafen La Goulette und Karthago gelegen, z.B. Khéreddine und Le Kram. Südlich des Seehafens liegen die Industrie- und Wohnvororte Radès und Ez Zahra.

Zu erwähnen bleiben noch die Schattenseiten der insgesamt ordentlich wirkenden Stadt. Es sind die Slums, Bidonvilles (,,Kanisterstädte'') genannt. Die Anziehungskraft der Metropole und die oft ärmlichen Lebensbedingungen auf dem Land haben einen unaufhörlichen Zuzug von Menschen zur Folge. Wer auf der Autobahn vom Zentrum nach Süden fährt, bekommt in den Vororten Mégrine und Ben Arous am Rande des Salzsees wenigstens einen flüchtigen Eindruck von den Wohnverhältnissen all jener, die auch in der Hauptstadt den Traum vom sozialen Aufstieg nicht realisieren konnten.

Tunis/**Geschichte**

Eine erste Siedlung an der Stelle des heutigen Tunis soll schon vor der Gründung Karthagos existiert haben. Im 5. Jh. v. Chr. ging sie allerdings in dem rasch expandierendem Reich der Karthager auf. Als Karthago von den Römern zerstört wurde (146 v. Chr.), versank Tunis ebenfalls in Bedeutungslosigkeit. Von der erneuten Aufwertung Karthagos zur Hauptstadt der römischen Provinz Africa profitierte auch wieder Tunis und überstand sogar im 7. Jh. die Angriffe der Araber, denen Karthago zum Opfer fiel. Die verkehrsgünstige Lage ließ Tunis in der Folgezeit rasch wachsen, von 849 bis 905 übernahm die Stadt sogar schon einmal die Rolle der Hauptstadt, die eigentlich Kairouan innehatte. Unter den Hafsiden blühte die Stadt enorm auf, so daß Tunis im 15. Jh. bereits die 100.000-Einwohner-Grenze überschritt. Im 16. Jh. stritten sich Spanier, Türken und Venezianer um die Stadt. Schließlich herrschten die Türken von 1573 bis zum Beginn des französischen Protektorats (1881). Der europäische Einfluß wuchs immer mehr, und zeitweise lebten ebenso viele Europäer wie Tunesier in der Hauptstadt. Nach der Unabhängigkeit (1956) wurden zügig ehrgeizige Pläne in Angriff genommen: Wohnungsbau, Stadtsanierung, Infrastrukturmaßnahmen.

Tunis/**Sehenswürdigkeiten**
Medina: Eine Stadtmauer um die Medina wird man vergeblich suchen, sie mußte unter der Protektoratsmacht weichen, um den heutigen Straßengürtel zu ermöglichen. Im Mittelpunkt des Gassengewirrs erhebt sich die *Ölbaum-Moschee* (*Djamaa ez Zitouna*), bereits 732 erbaut und seit jeher religiöses Zentrum von Tunis. Ganz in der Nähe liegen *Moschee und Mausoleum des Hammouda Pascha* sowie die *Grabstätte der Aziza Othmana*, die wegen ihrer Mildtätigkeit im 17. Jh. bekannt war. Weiter westlich die *Sidi Youssef-Moschee* von 1616 mit ungewöhnlichem Minarett und der *Bey-Palast* (*Dar el Bey*), in dem heute das Außenministerium seinen Sitz hat. Daneben, bereits am Rande der Medina, steht die *Kasbah-Moschee* (13. Jh.). Im Norden der Medina findet man außerdem noch den *Palast Dar Lasram*, die *Medersa Achouria* und die *Medersa Bachiya* (zwei Koranschulen mit schönen Eingangstoren) und die *Sidi Mahrez-Moschee* mit vielen weißen Kuppeln

(eine Rarität in Nordafrika). Sehenswürdigkeiten im Südteil der Medina sind der *Palast Dar Hussein* mit dem Archäologischen Institut, das *Mausoleum Tourbet el Bey* (Grabstätten der Husseiniden-Dynastie), der *Palast Dar Ben Abdallah* mit dem Nationalen Volkskunstmuseum, die *Färbermoschee* mit Pyramidendach und der *Palast Dar Othman.*
Beste Orientierungspunkte in der Medina sind die Ölbaum-Moschee und als Ein-/Ausgang die Porte de France.

Neustadt: Viele Straßen beiderseits der Hauptachse Av. Habib Bourguiba haben unverkennbar französischen Charakter. Es gibt hier keine großen architektonischen Attraktionen, aber eine große Zahl Straßencafés, in
denen man entspannt sitzen kann, um Menschen unterschiedlichster Herkunft und Stellung zu beobachten. An der Av. Habib Bourguiba nahe der Porte de France steht die *Katholische Kathedrale*, erbaut zu Beginn der Protektoratszeit. Über die breite Querstraße Av. de Paris erreicht man nach etwa 1,5 km auf einem Hügel den *Parc du Belvédère* mit *Tierpark* und *Museum* für Moderne Kunst im Casino. Etwas weiter im Park befindet sich die *Koubba*, ein Marmorpavillon in maurischem Stil. Vom Hügel aus hat man eine schöne Aussicht auf Tunis.

Bardo: Etwa 4 km westlich von der Porte de France liegt im Villenvorort Bardo an der Av. du 20. Mars 1956 das weltberühmte *Bardo-Museum*. Es ist im ehemaligen Harem des *Bey-Palastes* (erbaut 1855-82) untergebracht. Außerdem befinden sich hier das *Parlament* (keine Besichtigung) und eine schöne kleine Moschee. Das *Bardo-Museum* ist eine Sehenswürdigkeit ersten Ranges, die auch eine längere Anfahrt rechtfertigt. Hier bekommt man einen umfassenden Überblick über die Geschichte des Landes. Die unzähligen römischen Mosaiken fesseln wohl jeden Besucher. Kurz: In ganz Tunesien, Algerien und Marokko gibt es kein bedeutenderes Museum! Die Funde sind nach Herkunftsorten, Epochen und Völkern in Säle geordnet. Wer eine Tunesien-Rundfahrt hinter sich hat, sollte vor der Einschiffung zur Rückreise nach Europa noch die Zeit finden, hier im Museum die Erinnerung an die diversen Ausgrabungsstätten aufzufrischen und zu ergänzen.

Tunis/Praktische Informationen

Ärztliche Versorgung: Sechs Apotheken mit Nachtdienst im Stadtgebiet, z.B. 43, Av. Habib Bourguiba (Tel. 25 25 07) oder 47, Av. Ali Belhaouane (am Bab Souika; Tel. 26 26 00). Im Hafenvorort La Goulette, 207, Av. Habib Bourguiba (Tel. 27 83 54). Krankenhäuser, z.B. das zentral gelegene ,,Hôpital Charles Nicolle'', Boulevard du 9. Avril 1938 (zwischen Bab Souika und Kasbah; Tel. 66 30 10) und das Hôpital Aziza Othmana'', Place du Gouvernement (an der Kasbah; Tel. 66 22 92).
Spezialkliniken →*Krankenhäuser*.

Autovermietung: mehrere am Flughafen, an der Av. Habib Bourguiba, Av. de la Liberte u.a.

Bademöglichkeiten: schöne Strände im Norden bei Karthago, La Marsa, Gammarth, im Süden bei Radès und Hammam-Lif. Die Lagune von Tunis eignet sich keinesfalls zum Baden!

Banken: überall in der Stadt. Außerhalb normaler Öffnungszeiten Geldwechsel auch am Flughafen und in den Hotels ,,Africa'' im Zentrum und ,,Hilton'' in Belvédère möglich.

Camping: Zur Zeit kein offizieller Platz vorhanden. Mit Auto oder Wohnmobil kann man vielleicht am Fährhafen übernachten, mit Zelt ist das nicht zu empfehlen.

Einkaufen: Beim Bummel durch die Souks (Bazare) an der Medina ist zu bedenken, daß manches schöne Stück außerhalb von Tunis, vor allem im Herstellungsgebiet, um einiges billiger ist. Daher besonders zu Beginn einer Reise nicht gleich aus lauter Faszination alles in Tunis kaufen!

Lebensmittelmärkte am Bab Souika, in der Rue de Jordanie (Neustadt) u.a. Markthalle in der Rue Charles de Gaulle (Nähe der Porte de France). SB-Geschäfte bei der Porte de France, dort auch allerlei Fachgeschäfte.

Essen und Trinken: Einfache Restaurants findet man beim Bab Souika und beim Bab Djedid, beim Hauptbahnhof sowie südlich der Av. Habib Bourguiba (z.B. Rue de Yougoslavie, Rue d'Espagne, Rue d'Allemagne). Unter den besseren und Spitzenrestaurants gibt es neben tunesischen Spezialitätenlokalen auch viele mit internationaler Küche (hier z.T. auch Folkloreabende): mehrere an der Av. Habib Bourguiba und Av. de Carthage. Straßencafés überall im Zentrum.

Nachtleben: Ein gutes Dutzend Kinos findet man im Zentrum. Diskotheken in den besseren Hotels und der Neustadt. Empfehlenswert ist es, auch die Möglichkeiten in den schönen Badevororten Sidi Bou Saïd, La Marsa oder Gammarth zu nutzen.

Theater: Staatstheater an der Av. Habib Bourguiba. Eine Wochenschrift (,,La Semaine du Tunis'') gibt Auskunft über das Kulturprogramm. Kulturhäuser und Galerien →*Unterhaltung*.

Unterkunft: Es gibt eine ausreichende Anzahl Hotels aller Klassen. Einfachste Herbergen beim Bab Souika, billige Quartiere auch am Bahnhof bzw. in den Straßenzügen bis zur Porte de France (Rue de Suisse, Rue de Grèce, Rue de Yougoslavie, Rue d'Algérie). Die besten Hotels (,,Tunisia'',''du Lac'',''Africa'') an der Av. Habib Bourguiba. Wegen der hervorragenden Schnellbahnverbindungen von der Av. Habib Bourguiba zu den nördlichen Küstenvororten sollte man auch eine Unterkunft dort (z.B. in La Marsa, Karthago o.a.) in Betracht ziehen, um zeitweise der Großstadt zu entgehen. Jugendherberge in Karthago, Tel.27 57 62 (Schnellbahn bis Station Carthage-Dermech nehmen).

Verkehrsverbindungen: *Busse:* Es gibt zwei Busbahnhöfe (Gare Routière du Sud am Hauptbahnhof und Gare Routière du Nord südlich des Belvédère-Parks), Entfernung zwischen beiden etwa

2,5 km. Während vom Busbahnhof Nord nur die Linien zur Nordküste und zum daran anschließenden Bergland abfahren, hat der Busbahnhof Süd sehr große Bedeutung: Linien in alle größeren Orte des Landes, auch nach Tripolis/Libyen und Constantine/Algerien, gehen hier ab. Den Stadt- und Regionalverkehr in Tunis bedienen über 50 Buslinien, die in dichter Folge ohne Fahrplan verkehren. Am Place de Barcelone am Hauptbahnhof gibt es Linienpläne, ebenso am TGM-Bahnhof in Tunis-Marine. Die Fahrpreise richten sich nach der Entfernung, sind aber erstaunlich niedrig. Wichtige Linien: Nr. 3 Rue de Rome-Bardo, Nr. 5 Av. Habib Bourguiba-Belvédère, Nr. 8 Porte de France-TGM-Station (=Av. Habib Bourguiba in ganzer Länge), Nr. 14 Porte de France-Ras Tabia (Universität), Nr. 35 Av. Habib Bourguiba-Flughafen-Gammarth.

TGM-Schnellbahn: Wer zum Hafen La Goulette, nach Karthago oder Sidi Bou Saïd will, sollte die moderne TGM benutzen. Sie beginnt am östlichen Ende der Av. Habib Bourguiba (Station Tunis-Marine) und führt über die genannten Orte bis La Marsa. Zwischen 5 Uhr und Mitternacht Abfahrten 2 bis 3 x stündlich.

Stadtbahn SMLT(Métro Léger): Seit dem 13.10.1985 verkehrt in Tunis die erste moderne Stadtbahn des afrikanischen Kontinents, die SMLT. Sie stellt eine ideale Ergänzung zur TGM (s.o.) dar. Von den insgesamt 6 geplanten Linien werden bislang 2 befahren (Nr. 1 u. 2), und zwar mit nagelneuen grünen Straßenbahnwagen aus der BR Deutschland. In absehbarer Zeit sollen sogar Park-and-Ride-Plätze angelegt werden. Der Fahrpreis beträgt für Teilstrecken 140 Millimes (= 0,29 DM) und für die Gesamtstrecke der Linie 1 + 2 nur 210 Millimes (= 0,43 DM). In den Waggons befinden sich Entwertungsautomaten! Zur Zeit beträgt die Zugfolge 9 Minuten. Hier das Streckennetz (vorläufige Liniennummer):
Nr. 0 Place Barcelone (Hbf.) - Av. Jean Jaurès (Verbindungslinie),
Nr. 1 Place Barcelone (Hbf.) - Tunis Marine (=TGM-Endstation),
Nr. 2 Place Barcelone (Hbf.) - Ben Arous (mit Linie 1 in Betrieb),

Nr. 3 Av. Jean Jaurès - Bardo - Den Den (in Planung),
Nr. 4 Av. Jean Jaurès - Cité Olympique - Ariana (Eröffnung in Kürze)
Nr. 5 Bab Saadoun - Ras Tabia - Et Tahrir (in Planung)
Das Liniennetz wird nach Fertigstellung gut 30 km betragen und zweigleisig, teils unterirdisch verlaufen.
Eisenbahn: Moderner Bahnhof an der Place de Barcelone/Av. de Carthage. Täglich Züge zu allen Orten des tunesischen Eisenbahnnetzes (→*Reisen im Land*). Verbindungen nach Gabès und Tozeur am seltensten! Auskünfte Tel. 24 44 27.
Louges (*Sammeltaxis*): Die wichtigsten Haltepunkte sind Place de Barcelone und Bab Souika.
Flugzeug: Moderner Flughafen an der Straße von Bélvèdere nach Karthago (Av. Khéreddine Pacha). Auskunft Tel. 28 80 00. Tägliche Flüge nach Frankfurt,
München, Düsseldorf, Wien, Zürich, Genf, Amsterdam, Paris, in arabische Metropolen, zu innertunesischen Zielen u.v.m. In absehbarer Zeit soll bei Utica (30 km nördlich) ein neuer Flughafen mit erweiterten Kapazitäten gebaut werden.
Schiff: Hafen für Fährschiffe nach und von Europa im östlichen Vorort La Goulette (→*Anreise*).
Wichtige Adressen: Touristeninformation (ONTT-Zentrale) am Place d'Afrique, Tel. 25 73 04. Hauptpost in der Rue Charles de Gaulle (nahe der Porte de France). Polizei bzw. Ausländerpolizei in der Av. Habib Bourguiba, Tel. 26 20 88, Notruf 197.
Weitere Adressen →*Automobilclubs, Botschaften*.

Tunis/**Umgebung**

In der näheren Umgebung von Tunis liegt die *Mornag-Ebene* (im Südwesten), bekannt für ihre Weine, die auch exportiert werden. In der Nähe befindet sich das Dorf *La Mohammédia* mit dem gewaltigen *Bey-Palast* von 1755/1845 (Ruine) und dem *Hadrians-*

Aquädukt, der das Wasser einst über 90 km weit vom Djebel Zaghouan nach Karthago beförderte.
Weitere Ziele →*Karthago*, *Sidi Bou Saïd*, *Utica*.

Unterhaltung

Ein Nachtleben im europäischen Sinne gibt es selbst in den größeren Städten wie Sfax, Sousse oder Kairouan nicht. Das liegt nicht zuletzt auch an den frühen Arbeitszeiten während der Woche. Im Sommer weiß jedermann die abendliche Kühle zu schätzen, und es sind dann stets viele Menschen auf den Straßen. In den Städten sind die Straßencafés gut besucht. Eine Steigerung erfährt das Ganze noch im Fastenmonat Ramadan (1989 7.4 - 6.5.): Nachdem man während der hellen Tagesstunden nichts essen durfte, kommt es nach Sonnenuntergang dann oft zu Ausschweifungen. Auch religiöse und folkloristische Veranstaltungen gibt es in dieser Zeit überall. Neben den Nachtclubs und den sogenannten Cabarets - Cafés, in denen Sänger und Musiker auftreten - kommt den lokalen Festen (→*Feiertage und Feste*) große Bedeutung zu. Sportveranstaltungen erfreuen sich ganz besonderer Beliebtheit, wozu hier natürlich auch Kamelrennen und andere Reiterspiele gehören. Freilichtveranstaltungen in historischer Umgebung, z.B. in den Ruinen von Dougga oder Karthago, wo klassische Werke aufgeführt werden, sind sehr attraktiv.

Die Volksmusik ist stark berberisch geprägt. Oft wird dazu getanzt, in einer Reihe oder im Kreis, meist nur von den Frauen. Man bewegt sich sehr rhythmisch und scheut vor fast keiner ,,Verrenkung'' zurück. Die klassische Musik, der Malouf (→*Folklore*), wird nur von Orchestern in den Städten gespielt. In Tunis hat man noch die Möglichkeit, Ausstellungen, Filme, Vorträge u.ä. in Kulturhäusern zu besuchen: im Maison de la Culture Ibn Khaldoun, Rue Ibn Khaldoun, und im Maison de la Culture Ibn Rachiq, Av. de Paris. Erwähnenswerte Galerien sind: die Galérie Yahia, Av.

de Carthage, die Galérie du Ministère de la Culture et de l'Information, Av. Habib Bourguiba; in beiden ist der Eintritt frei. Für alle Fälle kann man sich auch an das Goethe-Institut, Tunis, 17, Av. de France (Tel. 01/24 36 10)
wenden.
→ *Theater*

Unterkunft

Über die Tunesischen Fremdenverkehrsämter (→ *Touristeninformation*) kann eine umfangreiche Hotelliste bezogen werden, die auch viele Pensionen und die Feriendörfer nennt. Leider scheinen dort nur Preislisten für Hotels an der Küste verfügbar zu sein. Auf jeden Fall sind die Preise für Hotelzimmer staatlich kontrolliert.
Feriendörfer: Bislang gibt es etwa ein Dutzend Feriendörfer in Tunesien, allesamt an der Küste gelegen: in Tabarka, Bizerte, Raouad (bei Gammarth), Bordj Cédria (bei Hammam-Lif), Korba, Kelibia, Nabeul, Hammamet, Port el Kantaoui (bei Sousse), Monastir, Zarzis, auf den Kerkennah-Inseln und der Insel Djerba. Für Selbstversorger oder Familien mit Kindern sind sie sehr geeignet. Einige gehören zum ,,Club Méditerranée''. Informationen über die *Société Port el Kantaoui*, 40, Av. Habib Bourguiba, Tunis.
Hotels: Hotels sind eingeteilt in Kategorien, von 4-Sterne-Luxus bis 1-Stern und NC (nicht klassifiziert). Die besten Hotels erfüllen die Ansprüche europäischer Spitzenhotels. Aber auch die einfachen Betriebe sind im allgemeinen sauber und ordentlich geführt. Generell kann man sagen, daß es bei den Hotels eine sehr große Preisspanne gibt, wobei auch die Lage im Land (Küste, Provinz, Ausflugsort etc.) eine Rolle spielt. Einige Preisbeispiele: Doppelzimmer (Ü/F) im 3-Sterne-Hotel in Nabeul in der Hauptsaison etwa 80-90 DM, in der Nebensaison rund 50 DM.

Doppelzimmer (Ü/F) im 1-Stern-Hotel in der Hauptsaison rund 40 DM, in der Nebensaison rund 30 DM. In einem NC-Hotel (z.B. in Kairouan) kann man schon für 15-20 DM ein Zimmer bekommen. Abseits der Touristenregionen wird man fast immer ein Zimmer finden, Reservierung ist ohnedies oft nicht möglich. Es gibt überwiegend Doppelzimmer. Unverheiratete Paare sollten auf jeden Fall so tun, als ob sie verheiratet wären. In einfachen Herbergen ist ein eigener Schlafsack ratsam, auch findet man dort oft allerlei Ungeziefer.

Jugendherbergen: Die ,,Auberges de Jeunesse" sind verhältnismäßig gut eingerichtet und nicht selten angenehm gelegen. Im Sommer muß man allerdings mit voller Belegung rechnen. Gebühren etwa 3,50 bis 5 DM. Auskunft bei der *Association Tunisienne des Auberges de Jeunesse*, 63, Av. Habib Bourguiba, Tunis, Tel. 24 60 00 (→*Orte/Unterkunft*).

Pensionen: Sogenannte ,,Pensions familiales", oft durchaus mit 1-Stern-oder Nc-Hotels vergleichbar, gibt es ebenfalls in vielen größeren Orten. Doppelzimmer (Ü/F) in Sousse z.B. 15-25 DM.

Campingplätze →*Camping*; *Orte/Camping*

Utica

(Nord-Tunesien, zwischen Tunis und Bizerte gelegen)
Das antike Utica (französisch: Utique) liegt bei der Mündung des Medjerda in den Golf von Tunis, allerdings hat der Fluß im Laufe der Zeit so viel Material herangeschwemmt, daß der Charakter als einstige Hafenstadt heute nicht mehr erkennbar ist. Die punisch-römische Ausgrabung ist im übrigen bei weitem nicht so großartig wie manche andere im Land.
Es gibt keine Unterkunftsmöglichkeit. Mit dem Bus Tunis-Bizerte kann man bis Protville fahren und muß sich dann hinter der Medjerda-Brücke am Ortsrand rechts halten.

Verhalten

Um mit der Mentalität der Tunesier zurechtzukommen, hält man sich respektvollerweise an bestimmte Umgangsformen; so sind Höflichkeit, eine gewisse Gelassenheit und Zurückhaltung angebracht. Wer in Eile oder polternd auftritt, sich arrogant benimmt oder mit Hinweis auf sein wohlgefülltes Portemonnaie eine Vorzugsbehandlung erwartet, wird fast immer auf deutliche Ablehnung stoßen. Ehrgefühl und Würde des Einzelnen sind in der arabischen Gesellschaft von großer Bedeutung. Wenn sich an Orten, wo Scharen von Touristen auftauchen, die Umgangsformen etwas gewandelt haben, dann selten zum Besseren. Das Handaufhalten bei jeder Gelegenheit oder Blästigungen durch Jugendliche sind zum großen Teil Reaktionen auf das Fehlverhalten von Touristen.
→*FKK*; *Fotografie*; *Sitten und Gebräuche*

Verkehr

Die Verkehrsregeln und -gewohnheiten in Tunesien unterscheiden sich gar nicht so sehr von den unsrigen. Das Straßennetz ist im großen und ganzen recht ordentlich ausgebaut, abgesehen von einer Anzahl von Pisten im Süden des Landes. Die Beschilderung und die Entfernungsangaben sind gut. Als Autofahrer muß man die Regel ,,rechts vor links'' sehr ernst nehmen, auch im Kreisverkehr. Parkverbote in den Städten sind meist nach französischem Vorbild geregelt, d.h. durch farbige Bordsteinkanten und durch Schilder, die je nach Datum wechselnde Parkseiten vorschreiben. Bei Nachtfahrten kommt man leicht in heikle Situationen, wenn beispielsweise Fußgänger oder unbeleuchtete Mofafahrer entgegenkommen - ein Risiko, das man vermeiden sollte. Im übrigen besteht Anschnallpflicht und Schutzhelmpflicht für Motorradfahrer. Daß es mit diesen Vorschriften sehr genau genommen wird, scheint angesichts der Verkehrsverhältnisse frag-

lich. Das absolute Alkoholverbot für Kraftfahrer sollte man hingegen nicht ignorieren.
Wer über die Oase Remada hinaus in die Sahara fahren will, ist verpflichtet, sich vorher bei der Garde Nationale in Médénine zu melden.
→*Geschwindigkeitsbeschränkung*

Versicherung

Krankenversicherung: Eine Reisekrankenversicherung, bzw. -rückholversicherung zu haben, ist in jedem Falle beruhigend. Im übrigen muß man im Falle einer ärztlichen Behandlung in Tunesien zunächst bar bezahlen (→*Krankenscheine*).
Reisegepäckversicherung: Jeder sollte selbst entscheiden, ob sich der Aufwand einer Reisegepäckversicherung lohnt. Natürlich kann unterwegs etwas abhanden kommen, aber Tunesien ist auch kein Räubernest.
Beide bisher genannten Versicherungen können auch in Kombination miteinander abgeschlossen werden (z.B. an den Fahrkartenschaltern der Deutschen Bundesbahn); das ist meist günstiger. Die Dauer der Versicherung läßt sich individuell recht genau festlegen.
Autoversicherung: Die Grüne Versicherungskarte muß in der Regel für Tunesien gültig geschrieben werden, was normalerweise jede Versicherung kostenlos macht. Dieser Versicherungsnachweis ist unbedingt mitzuführen, denn er wird recht häufig kontrolliert. Wer keine gültige Grüne Karte dabei hat, muß am Zoll (Hafen) eine relativ teure tunesische Versicherung bezahlen! Eine ggf. befristete, Vollkaskoversicherung ist darüberhinaus ratsam. Ein Auslandsschutzbrief (z.B. ADAC) gilt auch in den außereuropäischen Mittelmeerländern, also auch in Tunesien, aber u.U. mit Einschränkungen.

Visum →*Dokumente*

Währung →*Geld*

Wetter →*Klima*

Wirtschaft

Landwirtschaft
Tunesien ist ein Agrarstaat: etwa 40% der Bevölkerung arbeiten in der Landwirtschaft (vgl. BR Deutschland ca. 5%). Besonders begünstigt sind der Norden des Landes, die Halbinsel Cap Bon sowie der Sahel zwischen Sousse und Sfax. Der Ackerbau (Getreide) liefert stark schwankende Erträge, sofern nicht künstlich bewässert wird. Im Zuge der Erschließungsmaßnahmen versucht man, die Anbaufläche immer weiter in die Steppe vorzuschieben - oft mit Rückschlägen. Wichtig sind Baumkulturen: Im gebirgigen Norden sind es wertvolle Korkeichenbestände, an der gesamten Ostküste Ölbäume, die sich im Sahel oft völlig regelmäßig über ungezählte Quadratkilometer erstrecken und von Anhöhen aus ein beeindruckendes Bild ergeben. In jüngerer Zeit werden verstärkt Mandelbäume gesetzt, um eine Diversifizierung und geringere Abhängigkeit vom Weltmarkt für Olivenöl zu erreichen. Vorerst bleibt Olivenöl jedoch eines der Hauptexportprodukte, und Tunesien steht jedes Jahr etwa an der vierten Stelle aller Erzeugerländer. Auch die Weinproduktion (in der Mornag-Ebene) ist bedeutend. Deutlich zurückgeblieben ist die Fischereiwirtschaft des Landes.

Industrie und Bergbau
Die Industrieproduktion ist noch gering und lückenhaft, Hauptstandorte sind die größeren Städte. In der Kolonialzeit wurde wenig zur Entwicklung der Produktion getan, es blieb bei der Errichtung von Öl- und Getreidemühlen, Teppichmanufakturen und einigen Keramikfabriken. Tunesien ist in der Folgezeit Lizenz-

nehmer für einige wichtige Güter geworden (z.B. Lizenz für Peugeot- Wagen), um sich ein wenig von der gewaltigen Importabhängigkeit frei zu machen. Die Neigung ausländischer Firmen zu Investitionen in Tunesien ist in letzter Zeit zurückgegangen - die (politische) Zukunft erscheint wenig kalkulierbar. Die Tendenz der staatlichen Planung geht in Richtung auf Weiterverarbeitung einheimischer Rohstoffe und Agrarerzeugnisse: Konservenherstellung, Phosphataufbereitung, Textilbetriebe, Zelluloseerzeugung aus wildwachsendem Halfagras, Erdölraffinerien.
Es gibt bedeutende Phosphatlager im wirtschaftlichschwach entwickelten Grenzgebiet zu Algerien. Durch die Ausfuhr des Minerals werden allein 15 % des tunesischen Exporterlöses erwirtschaftet. Auch die Eisenerz-, Blei- und Zinnvorkommen sind beachtlich.

Tourismus

Zu einem äußerst wichtigen Wirtschaftsfaktor ist in den letzten Jahren der Tourismus geworden. Die Zahl der Besucher liegt inzwischen bei weit über 2 Millionen pro Jahr, die Zahl der Hotelbetten ist auf annähernd 80.000 geklettert. Bei weitem dominant ist der Pauschal- und Gruppentourismus, der sich auf wenige Küstenabschnitte beschränkt (Hammamet/Nabeul, Sousse/Monastir sowie Djerba) und regionale Entwicklungsimpulse schafft. Die größten Touristenkontingente stellen die Franzosen, Deutschen und Italiener.

Handel

Die Außenhandelsbilanz Tunesiens ist chronisch negativ: Während Güter im Wert von über 3,5 Mrd. US-Dollar jährlich importiert werden, entspricht die Ausfuhr nur gut 2 Mrd. US-Dollar. Exportiert werden vor allem Erdöl, Phosphate, Olivenöl, Wein und Erze, Haupthandelspartner sind Frankreich, Italien, Griechenland und die BR Deutschland. Gemessen am Bruttosozialprodukt anderer afrikanischer Länder geht es Tunesien aber relativ gut.

Zaghouan

(Nordost-Tunesien, 55 km südlich von Tunis)
Am Fluß des 1295 m hohen Djebel Zaghouan (Aussichtspunkt) liegt der Marktort Zaghouan mit seiner hübschen Altstadt. Ein *Triumphbogen* erinnert noch an die römische Siedlung Ziqua. Etwas versteckt am Place Bourguiba mitten in der Altstadt findet man die Grabstätte des Sidi Ali Azouz mit grüner Kuppel. Insgesamt entspricht Zaghouan mit seinen roten Ziegeldächern inmitten üppiger Vegetation sicher nicht der pauschalen Vorstellung von einer Stadt in Nordafrika.
Ein beliebtes Ausflugsziel ist das römische *Nymphäum* (Wassertempel) etwa 2 km außerhalb. Von hier aus wurde der *Aquädukt* nach Karthago gespeist, dessen imposante Reste noch entlang der Straße nach Tunis (bei La Mohammédia) zu bestaunen sind.

Zaghouan/**Praktische Informationen**
Ein gutes Ausflugslokal befindet sich neben dem Nymphäum, das Hotel ,,Les Nymphes'' liegt etwas oberhalb. Busse gehen ab der Durchgangsstraße in Richtung Tunis, El Fahs u.a.

Zeit

In Tunesien gilt die Mitteleuropäische Zeit (MEZ) mit Sommerzeit. Ein Verstellen der Uhr entfällt mithin. Im öffentlichen Leben gilt längst unsere Zeitrechnung; nur bei religiösen Anlässen orientiert man sich an der islamischen Zeitrechnung: am 14. Aug. 1988 begann danach das Jahr 1409.

Zeitungen

Es gibt ein weitgefächertes Angebot gut aufgemachter Zeitungen, die allerdings fast alle in arabischer oder französischer Sprache erscheinen. Außerhalb der Hotel- und Ferienzonen erhält man deutsche Zeitungen wohl nur noch in Tunis und Sfax. Mit einigen Tagen Verspätung und hohen Preisen ist zu rechnen.

Zoll

Als Einreisezollämter kommen in Frage: der Hafen Tunis-La Goulette, die internationalen Flughäfen Tunis-Carthage (in Aouina), Monastir-Skanès, Tozeur und Mellita (auf Djerba). Auf dem Landwege von Algerien sind es: Tabarka, Babouch, Ghardimaou, Sakiet Sidi Youssef, Bou Chebka, Hazoua und einige kleinere Stationen an den Pisten. Nach Libyen kommt nur die Zollstation in Ben Gardane in Frage, jedoch ist die Einreise für Touristen praktisch unmöglich.

Bei der Ankunft in Tunesien darf folgendes zollfrei eingeführt werden: die üblichen persönlichen Gegenstände, 2 Liter Alkoholika bis 25% oder 1 Liter über 20%, 400 Zigaretten oder 100 Zigarren oder 500 Gramm Tabak (bei Personen über 16 Jahren), 250 ml Parfum, Geschenke bis zum Wert von etwa 40 DM, 2 Fotoapparate, 20 Filme, 1 Kofferradio, Fernglas, Sportgeräte außer Jagdwaffen (Erlaubnis! →*Sport, Jagd*). Devisen können in unbegrenzter Höhe eingeführt werden, allerdings sollte man bei Beträgen über 500 Dinar (1010 DM) eine Deklaration ausfüllen, um sich für die Ausfuhr bei der Ausreise abzusichern. Tunesisches Geld darf weder ein- noch ausgeführt werden! Außerdem darf man keine ,,Produkte und Artikel, die eine Gefahr für die öffentliche Sicherheit, die Moral und Gesundheit darstellen'', einführen (wie eine Schrift des Tunesischen Fremdenverkehrsamtes besagt). Die Zollbehörden können u.U. eine Kaution auf bestimmte Artikel erheben.

Bei der Ausreise ist zu beachten, daß man alle eingeführten Gegenstände wieder mitnehmen muß (also Verkauf in Tunesien verboten), daß man keine Wildpflanzen und antiken Gegenstände ausführen darf und daß vor allem alle tunesischen Dinare ausgegeben oder zurückgetauscht wurden (→*Geld*). Wer sich einen Teppich in Tunesien gekauft hat und ihn per Nachnahme in sein Heimatland schicken läßt, muß sicherstellen, daß der Kaufpreis auf der Sendung in Dinar angegeben wird. Die Ware kommt in der Regel per Post an dem für den Wohnort zuständigen Zollamt an, wo auf den Gesamtpreis die Mehrwertsteuer zu entrichten ist.

Informative Reiseführer für wenig Geld

Bücher aus der Serie
„Nützliche Reisetips von A-Z":

- ☆ Aquitanien
- ☆ Costa de la Luz
- ☆ Costa del Sol
- ☆ Florida
- ☆ Fuerteventura
- ☆ Gomera
- ☆ Gran Canaria
- ☆ Jugoslawien (Adria)
- ☆ Kalifornien
- ☆ Kreta
- ☆ Kuba
- ☆ Lanzarote
- ☆ La Palma
- ☆ Malta
- ☆ Marokko
- ☆ Niederlande
- ☆ Mykonos, Tinos, Delos
- ☆ Nordgriechenland
- ☆ Paros, Naxos
- ☆ Peloponnes
- ☆ Portugal
- ☆ Provence
- ☆ Santorin, Ios
- ☆ Sporaden, Pilion
- ☆ Teneriffa
- ☆ Türkei (Ägäis)
- ☆ Türkei (Kappadokien)
- ☆ Türkei (Mittelmeer)
- ☆ Türkei (Ostanatolien)
- ☆ Türkei (Schwarzmeer)
- ☆ Tunesien
- ☆ Ungarn
- ☆ Zypern

jeder Band mit Farbfotos, jeweils nur 9,80 DM

Fragen Sie Ihren Buchhändler nach Reiseführern aus der Serie *„Nützliche Reisetips von A-Z"*

Hayit Verlag
Hansaring 84-86, 5000 Köln 1

Reisefieber

Das nützliche Reisemagazin

Die neue Zeitschrift für's Reisen

★ Informatives über Reiseziele in nah und fern ★ Wie Sie Geld beim Reisen sparen ★ Spannende Reiseberichte von Weltenbummlern ★ Aktuelle Fluginformationen ★ Handfeste Ratschläge für Urlaub und Reise ★ Hintergrundinformationen ★ Die richtige Ausrüstung für Ihre Reise

REISEFIEBER kostet nur 4 DM

REISEFIEBER gibt's am Kiosk oder im Abonnement. Probeheft gibt's für 4 DM (Scheck, Briefmarken oder bar) direkt beim Verlag:

Hayit Verlag

Hansaring 84-86, 5000 Köln 1
Telefon 02 21/12 30 88,
Telex 8 883 390 have